일러두기
· 재단 및 완성 사이즈는 가로×세로×폭으로 기재하였습니다.
· cm 단위로 기재하였습니다.
· 식서방향에 크게 구애받지 않는 소품들이기 때문에 식서방향은 넣지 않았습니다.
· 과정 설명 중 *표시가 있는 부분은 해당화's tip을 참고하세요.

리넨이 있는
바느질 살롱

김미지 지음

기분 좋은 내추럴
생활 소품 만들기

알에이치코리아

Prologue

Prologue

홍차를 마시고부터 찻잔에 맞는 작은 티코스터를 갖고 싶었다.
찻잔과 같은 무늬의 티포트를 구입하고서는 티포트를 덮어줄 티코지가 필요했다.
실과 시간에 별 흥미를 느끼지 못했던 나는 티타임에 필요한 티웨어만을 만들기 위해
최소한의 준비로 리넨과 빨간 체크천을 한 마씩 구입하였고
티웨어가 완성되면 바늘과 실을 다시 엄마의 반짇고리에 넣으려고 했다.
나는 홍차를 마실 때마다 티웨어를 반듯하게 차려놓았고
리넨과 빨간 체크천으로 시작된 나의 바느질은
어느새 원단을 모아둔 트렁크의 뚜껑을 닫을 수 없을 정도가 되었다.
그리고 지금은 엄마가 나의 반짇고리에서 바늘과 실을 빌려간다.

방 안은 리넨으로 만든 것들이 하나씩 자리하게 되었다.
책으로 엮으면서 페이지 페이지 사이에 새겨 넣으니
나의 공간들이 고스란히 기록된 것 같은 기분이다.
페이지를 넘기는 당신의 시선이 따뜻한 나의 공간에 닿았으면 좋겠다.

Contents

Kitchen

Room

Desk

Picnic

Style

prologue • 004
자수 도안 • 184

Basic Skill
바느질을 시작하기 전에 먼저 알아야 할 것들

바느질 기본 도구 • 010
바느질 장식 재료 • 011
원단의 종류 • 012
손바느질의 기초 • 014
수놓는 방법 • 020
재료 구입처 • 021

Room
방 안에 화사한 바람을 불어넣는 소품

봄과 가을을 위한 룸슈즈 • 024
봄과 가을을 위한 주머니 • 024
잘 자요 수면안대 • 028
다락방 블랭킷 • 030
보랏빛 방석 • 036
겨울에게 보온물주머니커버 • 040

Desk
리넨 향기가 나는 책상 위 장식 소품

4월의 양 다이어리커버 • 046
밀크티 레인 북커버 • 050
밀크티 레인 책갈피 • 050
6월의 장미 줄자케이스 • 054
서양레이스 소잉메이트 • 058
서양레이스 소잉파우치 • 064
초콜릿봉지 바네파우치 • 068
엄마의 통장지갑 • 070
편지봉투 카드지갑 • 074
수신인 없는 봉투파우치 • 078
이상한 나라의 토끼 바네파우치 • 080
소소한 것들의 프레임파우치 • 084

Kitchen
부엌을 한층 분위기 있게 만드는 아이템

바다연가 티코스터 • 090
크리스마스 티코스터 • 092
크리스마스 머그워머 • 092
메리고라운드 티매트 • 096
체크 슬리브 • 098
차가 빛나는 밤에 티코지 • 102
꽃 한 송이 티포트주둥이커버 • 106
마음씨 좋은 보자기 • 108
작은 곰 두 마리 주방장갑 • 112
타샤의 키친클로스 • 116
우리 집 커피틴, 커피믹스통 • 118
여름정원 커피필터케이스 • 122
나의 작은 앞치마 • 126
소녀 앞치마 • 130

Picnic
햇살 가득한 날을 위한 피크닉 용품

타인을 위한 손수건 • 138
쥬뗌므 피크닉매트 • 140
피크닉데이 미니가방 • 144
좋은 날씨 도시락주머니 • 148
파리 내 사랑 물병주머니 • 152
보통날의 카메라파우치 • 156
마린 크로스가방 • 160

Style
나를 빛내주는 패션 액세서리

다정한 레이스케이프 • 164
사탕통 속의 머리방울 • 166
사탕통 속의 머리핀 • 166
앨리스의 시계 • 170
K의 꽃가루마스크 • 172
바람 머플러 • 174
세 살 버릇 장바구니 • 176
꽃말을 담은 여름가방 • 180

바느질을
시작하기 전에
먼저
알아야 할 것들

Basic Skill

바느질 기본 도구
바느질 장식 재료
원단의 종류
손바느질의 기초
수놓는 방법
재료 구입처

바느질 기본 도구
xxx

❶ **재단가위** 원단을 자르는 가위. 크고 무거운 가위는 원단이 잘 잘리고 한번에 많이 자를 수 있다는 장점이 있지만 오래 사용하면 손에 무리가 오기 쉬우므로 자신에게 맞는 크기와 무게의 가위면 된다. 종이를 자르는 가위와는 별개로 원단만 자르는 용도로 써야 오래 쓸 수 있다.

❷ **실밥가위** 실과 실밥을 자르는 가위. 주로 쪽가위를 사용한다. 작고 가벼운 것이 좋다.

❸ **바늘** 용도에 따라 퀼팅용, 아플리케용, 자수용, 시침용 등으로 나뉘며 호수가 커질수록 바늘이 가늘고 짧아진다. 퀼팅용 바늘은 보통 8~10호가 적당하고 바늘귀가 작아 바늘이 지나갈 때 자국이 남지 않는 것이 좋다. 아플리케에는 가는 아플리케 전용 바늘을 사용하는 것이 좋고 시침용 바늘은 긴 바늘이 좋다. 자수용 바늘은 퀼팅용 실보다 두꺼운 자수실이 바늘귀에 들어가는 정도면 적당하다.

❹ **실** 퀼팅용 실은 일반 면사보다 면사에 왁스나 폴리에스테르가 코팅된 것이 더 튼튼하고 바느질할 때 꼬임이 적어 좋다. 아플리케에는 아플리케 전용의 얇은 실을 사용하고 색은 대개 원단과 비슷한 것을 사용한다.

❺ **시침핀** 바느질할 때 원단을 고정하는 역할을 한다. 가늘고 길어 원단에 자국이 남지 않는 것이 좋다.

❻ **핀쿠션** 시침핀이나 바늘을 꽂아두는 용도로 사용된다. 핀쿠션 안에 솜 대신 머리카락을 채우면 바늘이 녹스는 것을 방지할 수 있다.

❼ **골무** 바느질할 때 쉽게 바늘을 밀어준다. 실리콘, 가죽, 금속 등의 소재가 있다.

❽ **줄자** 곡선의 치수를 재거나 완성물의 치수를 잴 때 편리하게 사용된다.

❾ **재단용 펜** 원단에 도안과 패턴을 그릴 때 사용하는 펜. 물을 뿌리면 지워지는 패브릭 수성펜, 공기가 닿으면 시간이 지나서 사라지는 기화펜, 다리면 지워지는 펜, 일반 초크펜 등이 있다. 어두운 원단에는 하얀 초크펜을 사용하고 원단 겉면에 밑그림을 그리거나 표시할 때는 패브릭 수성펜이나 기화펜 등 쉽게 지워지는 펜을 사용하는 것이 좋다. 수성펜이나 기화펜을 지퍼락에 보관하면 오래 사용할 수 있다.

❿ **시접자** 투명한 플라스틱 재질에 눈금이 표시되어 시접을 그릴 때 편리하다. 눈금 단위는 0.3cm, 0.5cm, 0.7cm 등 자신이 시접으로 많이 쓰는 단위가 표시된 자를 사용하면 된다. 작은 소품을 만들 때는 15~20cm 자를 사용하고 큰 소품을 만들 때는 60cm 자를 사용하면 편리하다.

바느질 장식 재료
×××

❶ **패브릭 펜** 원단에 장식 그림을 그릴 때 사용한다. 패브릭 수성펜으로 밑그림을 먼저 그린 후 패브릭 펜으로 완성선을 따라 그리고 다리면 세탁해도 지워지지 않는다. 다림질이 필요 없는 패브릭 펜도 있지만 다림질이 필요한 경우에는 원단이 타지 않도록 조심한다.

❷ **스탬프, 패브릭 잉크** 원단에 스탬프를 찍을 때 사용되며 다리면 세탁해도 지워지지 않는다. 규칙적으로 찍으면 원단에 패턴을 만들 수도 있다. 지우개를 파서 나만의 스탬프를 만들어도 된다. 자투리 천에 충분히 연습한 후에 원단에 찍는다.

❸ **단추** 플라스틱, 자개, 금속, 나무 등의 소재가 있다. 단추를 달 때 다양한 색의 실을 쓰면 화려하게 연출할 수 있다. 단추의 매듭은 따로따로 지어야 단추 하나가 떨어졌을 때 다른 단추가 같이 떨어지지 않는다.

❹ **참장식** 보통 지퍼 손잡이에 장식용으로 달지만 단추처럼 원단에 포인트로 달 수도 있다.

❺ **라벨** 원단에 포인트로 장식할 수 있다. 프린트된 라벨도 많지만 스탬프를 찍거나 수를 놓아 나만의 라벨을 만들 수 있다. 종이나 가죽 소재의 라벨은 올이 풀리지 않아 간편하게 달 수 있다.

❻ **면, 리넨 테이프** 라벨처럼 원단에 포인트를 줄 수 있으며 끈과 고리로도 사용할 수 있다.

❼ **자수실** 보통 6가닥이 하나로 모여 있는 25번 자수실(십자수실)을 사용한다. 이 책에 실은 자수의 대부분은 25번 자수실 두 가닥으로 수를 놓았고 특별한 경우에는 염색된 레인보우 실이나 금사, 은사를 사용했다.

• 번수는 실의 굵기 단위로 숫자가 낮아질수록 실이 굵어진다.

❽ **레이스** 테이프 형태와 모티브 형태가 있다. 테이프 형태의 레이스도 무늬를 오려서 모티브로 사용할 수 있다. 대부분 하얀색 같지만 하얀색, 아이보리색, 리넨색 등 작은 차이가 있고 크기가 다양하기 때문에 온라인으로 살 때는 크기와 색상을 잘 확인해야 한다.

원단의 종류
×××

❶ 리넨 마 소재의 원단으로 흡수와 건조가 잘 되며 자연스러운 구김과 색감이 가장 큰 매력이다. 마와 면 같은 천연소재 원단은 재단하기 전에 선세탁을 해야 완성 후에 세탁했을 때 수축을 막을 수 있다.
• 선세탁
① 미지근한 물에 원단을 담가둔 후 손으로 조물조물한다.
② 가볍게 탈수하여 직사광선을 피해 반듯하게 펴서 말린다.
③ 살짝 다려서 원단을 펴준다.

❷ 광목 면 소재 원단으로 흡수와 건조가 잘되며 촉감이 부드럽다. 삶을 수 있어 위생적이다. 워싱 광목은 한번 세탁해서 나온 원단으로 선세탁이 필요 없다. 이 책에 소개된 앞치마는 워싱 광목 30수를 사용하였다.
• 수는 1g의 원료로 만드는 실의 길이를 m로 나타낸 것으로 숫자가 커질수록 원단의 두께가 얇아진다. 소품을 만들 때의 원단은 20~30수가 적당하다.

❸ 플라워 원단 꽃무늬가 프린트된 원단. 온라인으로 구입할 경우에는 꽃의 크기와 간격을 확인한다.

❹ 스트라이프 원단 줄무늬 원단. 재단을 할 때에는 줄무늬의 방향을 고려해야 한다. 온라인으로 구입할 경우에는 스트라이프의 두께와 간격을 확인한다.

❺ 도트 원단 도트무늬가 프린트된 원단. 온라인으로 구입할 경우에는 도트의 크기와 도트 사이의 간격을 확인한다.

❻ 칼라 리넨 염색이 쉽지 않은 리넨의 특성상 색이 있는 리넨은 면과 혼방된 경우가 많다.

❼ 체크 원단 체크무늬 원단. 프린트된 체크무늬 원단보다 선염 체크 원단을 추천한다. 온라인으로 구입할 경우에는 체크의 크기를 확인한다.

• 선염 원단은 원단을 짠 후 염색하는 것이 아니라 염색한 실로 무늬를 만들며 원단을 짜서 원단의 겉면과 안면 모두 무늬와 색이 동일하고 세탁에도 프린트 원단보다 내구성이 강하다.

❽ 프린트 원단 무늬가 프린트된 원단으로 온라인으로 구입할 경우에는 프린트의 크기와 간격, 프린트가 엇나가 있는지를 확인한다.

❾ 자수 원단 자수가 놓인 원단. 자수가 풀릴 수 있으므로 심한 세탁은 하지 않는 것이 좋다.

❿ 올이 굵은 면 소품보다는 옷이나 침구를 만드는 데 사용되지만 원단 위에 올이 굵은 면을 고정하고 그 위에 크로스스티치(p.020 참고)를 놓으면 웨스트 캔버스를 사용한 것처럼 수를 쉽게 놓을 수 있다. 올이 굵어서 수를 놓은 후에 씨실과 날실을 제거할 때도 편하다.

⓫ 얼그미 원단 대마 소재의 원단으로 여름 소품이나 바구니로 많이 활용된다.

⓬ 펀칭 자수 원단 원단에 펀칭을 하고 올이 풀리지 않도록 가장자리를 자수처리 한 원단으로 패치 할 때 펀칭 안으로 보이는 원단의 색을 고려하면 더 예쁘게 활용할 수 있다.

⓭ 라미네이트 원단 원단에 유광이나 무광 코팅을 한 것으로 생활방수가 되고 오염물이 묻어도 쉽게 닦을 수 있다. 다릴 때에는 코팅이 눌러 붙으므로 천을 덧대어야 한다.

⓮ 누빔 원단 원단에 솜이 누벼져 따로 솜이나 심지 작업을 할 필요가 없다. 솜의 한 면에만 원단이 붙은 단면 누빔과 솜의 양면으로 원단이 있는 양면 누빔이 있고 누빔의 무늬와 솜의 온스가 여러 종류이다.
• 온스는 솜의 부피 단위로 숫자가 커질수록 솜의 두께도 두꺼워진다.

⓯ 거즈 면 소재의 성글게 짜인 원단. 통풍이 잘 되며 흡수성이 좋다. 두 겹을 겹친 더블 거즈는 여름 이불이나 머플러로 많이 활용된다.

손바느질의 기초 xxx

🌸 재단하기

❶ 기본재단 (예: 꽃말을 담은 여름가방 p.182)

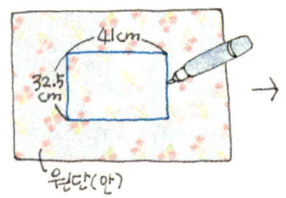 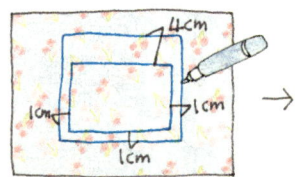 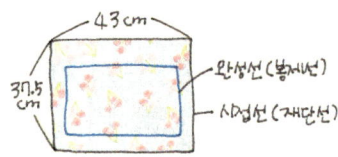

1 패브릭 수성펜으로 원단 안면에 완성선을 그린다(가로 41cm, 세로 32.5cm).

2 완성선 바깥으로 바느질 과정에 표기된 시접의 수치만큼 시접을 두고 시접선을 그린다(양옆과 아래 1cm, 위 4cm).

3 시접선을 따라 가위로 재단한다 (총 43cm×37.5cm가 된다).
• 완성선은 바느질이 지나가는 봉제선으로 완성했을 때의 사이즈가 된다.
• 시접선은 완성했을 때 속으로 들어가는 부분으로 원단을 재단할 때의 재단선이 된다.

❷ 도안재단 (예: 봄과 가을을 위한 룸슈즈 p.026)

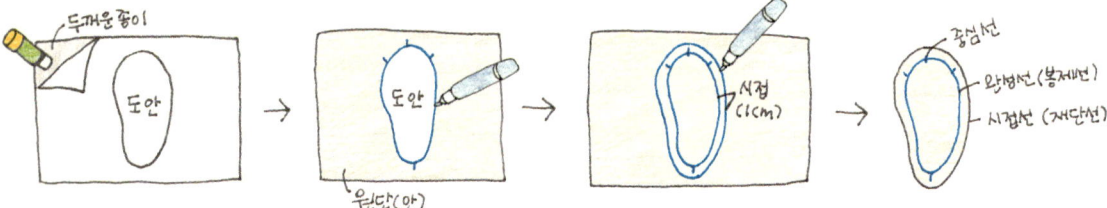

1 도안을 복사하거나 트레이싱지에 따라 그린 후 두꺼운 종이에 붙여서 오린다.

2 원단 안면 위에 도안을 올려놓고 패브릭 수성펜으로 도안을 따라 완성선을 그린다. 중심선이 있는 도안은 중심선도 함께 그린다.

3 도안을 치우고 완성선 바깥으로 바느질 과정에 표기된 시접의 수치(1cm)만큼 시접을 두고 시접선을 그린다.

4 시접선을 따라 가위로 재단한다. 원단들을 연결할 때에 중심선이 표시된 곳끼리 시침핀으로 고정하면 완성했을 때 밀리거나 틀어지는 것을 방지할 수 있다.

🌼 바느질하기

❶ 기본 바느질 (연결하기)

원단의 겉면을 맞대고 완성선(봉제선)에 홈질(러닝스티치 p.020 참고)한다. 홈질할 때에는 0.2~0.3cm 간격을 유지하여 고르게 바느질하고 바느질이 시작되는 처음과 매듭을 짓는 끝부분은 박음질(백스티치 p.020 참고)을 해야 더 튼튼하게 연결된다. 원단과 비슷한 색의 실을 사용한다.

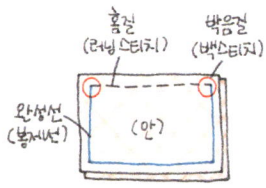

❷ 시침질

홈질 방법과 같으나 바늘땀을 크게 떠서 원단을 임시 고정하거나 실을 잡아당겨 주름을 만들 때 사용한다.

❸ 말아박기

원단의 끝을 마감하는 바느질로 시접을 두 번 말아서 홈질하는 방법이다. 주로 안감이 없을 때 사용한다(예: 타인을 위한 손수건 p.139).

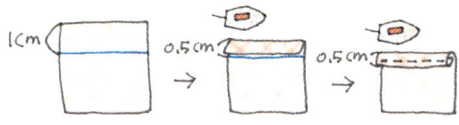

1. 바느질 과정에 표기된 시접의 수치(1cm)만큼 시접을 둔다.
2. 완성선까지 시접을 접어(0.5cm) 다린다.
3. 다시 시접을 접어(0.5cm) 다린 후 홈질한다.

❹ 상침질

연결한 원단들을 뒤집어 원단의 겉면에서 한 번 더 홈질을 해주는 바느질. 연결 부위를 더 튼튼하게 고정해준다. 완성품의 가장자리가 더 튼튼해지고 원단과 다른 실의 색상을 사용하면 장식 효과도 낼 수 있다. 완성선에서 0.2~0.5cm 떨어진 곳에 바느질하는 것이 좋다.

❺ 공그르기

바늘땀이 보이지 않게 연결하는 바느질로 창구멍을 마무리할 때, 바이어스테이프를 달 때, 아플리케 할 때 사용한다. 원단과 비슷한 색상의 실을 사용한다.

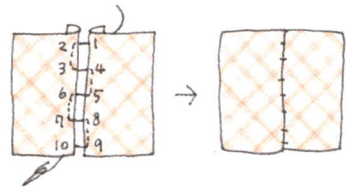

1. 그림처럼 원단을 ㄹ모양으로 연결한다(1에서 나온 바늘을 2에 찌르고 원단 안에서 바늘을 3으로 이동한 후 3에서 나와 4를 찌른다).
2. 연결 후에 실을 적당히 당겨주면 실이 숨는다.

❻ 매듭 숨기기

공그르기나 상침질처럼 원단 겉면에서 바느질할 때 사용한다.

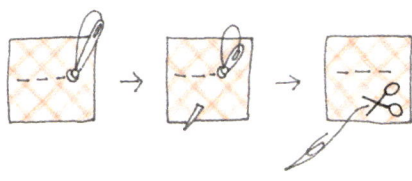

1. 바느질 후 매듭을 짓고 매듭이 나온 구멍으로 바늘을 집어넣는다.
2. 매듭을 진 곳과 떨어진 곳으로 바늘을 빼내어 실을 잡아당긴다.
3. 매듭이 숨으면 실을 조금 더 당겨 가위로 자른다.

✚ 시접 가르기(시접 정리)

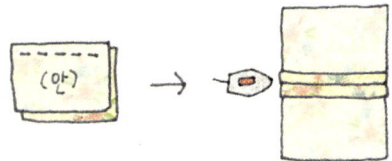

시접을 갈라서 시접 정리를 하면 시접이 한쪽으로 치우쳐 두꺼워지는 것을 피할 수 있다. 완성했을 때 완성 사이즈에 더 가깝게 되고 모양도 더 깔끔하다.

1 원단의 겉면을 맞대고 바느질한다.
2 시접을 가르고 다린다.

✖ 뒤집기

❶ 직선 뒤집기

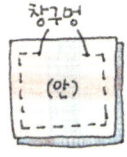  

1 원단의 겉면을 맞대어 창구멍을 남기고 바느질한다.

2 그림처럼 위, 아래, 양옆 시접을 접어 다림질한다. 시접을 접어 다리지 않고 뒤집으면 모양이 반듯하게 되지 않는다.

3 창구멍으로 뒤집어서 모양을 다듬고 창구멍을 공그르기로 마무리한다. 얇은 끈처럼 뒤집기 어려운 것은 뒤집개를 이용하면 쉽게 뒤집을 수 있다.

❷ 곡선 뒤집기

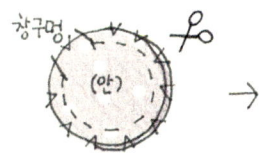  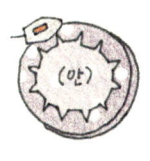 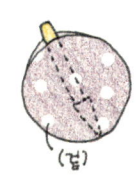 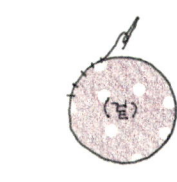

1 원단의 겉면을 맞대어 창구멍을 남기고 바느질하고 그림처럼 시접 곡선부분에 가위집을 낸다. 가위집을 낼 때에 완성선 가까이 너무 바투 자르지 않도록 조심한다.

2 시접을 접어 다린다.

3 창구멍으로 뒤집어서 모양을 다듬고 뚜껑 닫은 펜을 창구멍으로 넣어 곡선부분이 매끄럽게 펴지도록 눌러준다.

4 창구멍을 공그르기로 마무리한다.

솜, 심지 붙이기

❶ 접착솜, 심지 붙이기

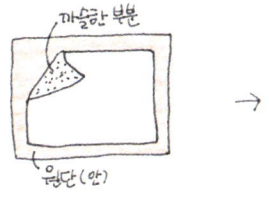 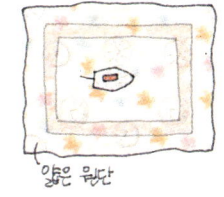 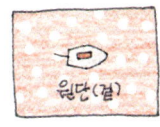

1 원단 안면과 접착솜(또는 심지)의 까슬한 면을 맞대게 한다.

2 얇은 원단을 덮고 다리미로 5~10초간 눌러서 임시로 고정한다. 얇은 원단을 덮지 않으면 고열에 솜이 눌 수도 있다.

3 원단에 고정되면 얇은 천을 걷고 접착솜(또는 심지)이 붙은 원단의 겉면을 다리미로 다시 한 번 누른다.

❷ 접착 처리가 되지 않은 솜, 심지 붙이기

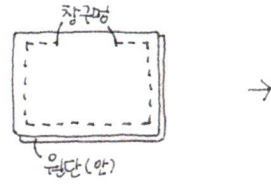 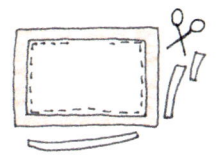

1 원단과 함께 창구멍을 남기고 바느질한다.

2 뒤집기 전에 봉제선 가까이까지 솜(또는 심지)을 잘라준다.

자수 도안 옮기기

1 도안 위에 트레이싱지를 대고 볼펜으로 그린다.

2 원단의 겉면과 원단용 먹지(초크 페이퍼)의 초크가 묻은 부분을 맞대고 도안이 그려진 트레이싱지를 올려 볼펜으로 도안을 따라 그린다.

3 초크가 흐릿하면 패브릭 수성펜으로 한 번 더 선명하게 그린 후 수를 놓는다.

🔘 자석단추, 스냅단추 달기

자석단추, 스냅단추는 암, 수가 한 쌍이며 볼록 튀어나온 것이 수놈, 오목하게 들어간 것이 암놈이다. 자석단추와 스냅단추는 다는 방법이 같다.

1 뚜껑 안쪽에 그림처럼 십자 모양으로 수놈을 단다. 패브릭 수성펜으로 볼록 튀어나온 부분을 칠한다.

2 뚜껑을 덮는다

3 다시 뚜껑을 열면 수놈에 칠해진 패브릭 수성펜 잉크가 암놈이 달릴 위치에 표시된다.

4 암놈도 수놈처럼 십자 모양으로 단다.

🔘 레이스 달기

 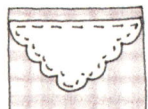

레이스와 비슷한 색상의 실을 사용하고 레이스가 떨어지지 않도록 촘촘히 바느질한다. 레이스를 라벨처럼 달 때는 마지막 그림처럼 레이스의 양옆을 접어 넣고 바느질해야 레이스의 올이 풀리지 않는다.

🔘 바네 넣기

1 한쪽이 연결된 바네를 파우치에 넣는다.

2 파우치의 반대편으로 나온 바네를 가지런히 하고 나사를 끼운다.

3 펜치를 이용하여 나사를 고정한다.

● 아플리케 하기

✚ 바이어스테이프 만들기

1 도안을 복사하거나 트레이싱지 위에 그린 후 두꺼운 종이에 붙여서 오린다.

1 원단을 45° 방향의 사선으로 자른다. 원하는 바이어스테이프 폭의 4배로 재단한다(그림은 1cm 폭의 바이어스테이프).

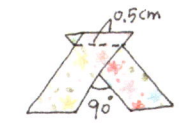

2 아플리케 할 바탕 원단 겉면에 도안을 올려놓고 패브릭 수성펜으로 도안의 바깥선을 따라 완성선을 그려 위치를 잡는다.

2 자른 원단을 겉면끼리 직각으로 맞댄 후 바느질한다.

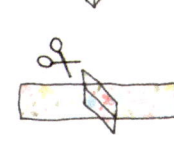

3 아플리케 원단 안면에 도안을 올려놓고 패브릭 수성펜으로 도안의 바깥선을 따라 완성선을 그린다. 완성선 바깥으로 바느질 과정에 표기된 시접의 수치(0.5cm)만큼 시접을 두고 시접선을 그려 재단한다.

3 시접을 가르고 튀어나온 부분을 가위로 자른다.

4 시접 부분을 시침질 한다.

4 위와 아래를 1cm 접고 다린다.

5 시침한 실을 잡아당기고 다리미로 눌러 모양을 고정을 한다.

5 다시 반을 접어 다리면 1cm의 바이어스가 완성된다. 바이어스 메이커를 이용하면 좀 더 쉽게 바이어스테이프를 만들 수 있다(예: 잘자요 수면안대 p.029).

6 도안을 빼고 바탕 원단에 아플리케 원단을 올려 공그르기 한다.

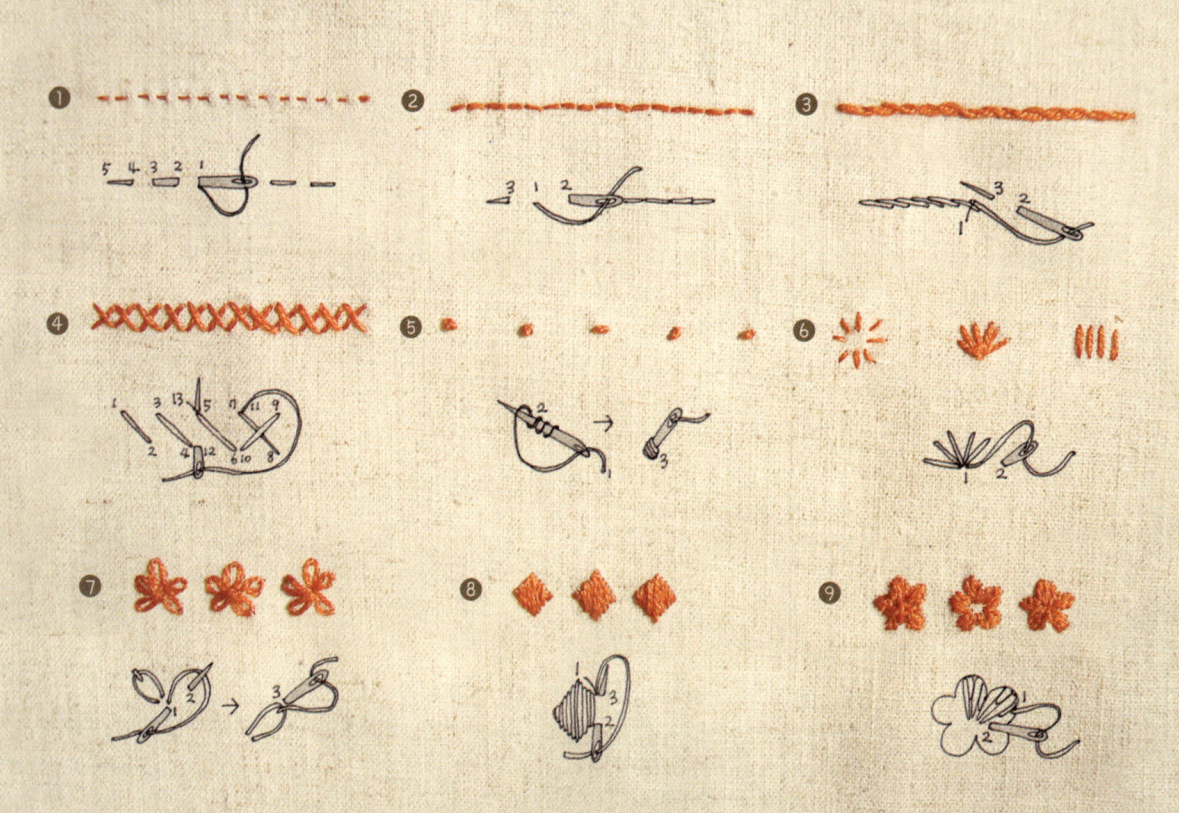

수놓는 방법 xxx

❶ **러닝스티치(홈질)** 가장 기본적인 수놓는 방법으로 홈질과 같다. 원단과 원단을 연결하여 홈질할 때는 바늘땀을 0.2~0.3cm 간격을 유지하여 고르게 바느질하는 것이 좋고 장식으로 수를 놓을 때는 자연스럽게 놓는 것이 손바느질의 멋을 살릴 수 있다.

❷ **백스티치(박음질)** 선을 표현할 때 사용되는 방법으로 박음질과 같다. 원단과 원단을 연결할 때는 러닝스티치(홈질)보다 튼튼하게 연결된다. 백스티치를 한 뒷면은 아웃라인스티치의 모습이 된다.

❸ **아웃라인스티치** 백스티치보다 두꺼운 선을 표현할 때 사용된다. 오른쪽에서 시작되는 다른 방법과는 다르게 왼쪽에서 시작된다. 아웃라인스티치를 한 뒷면은 백스티치의 모습이 된다.

❹ **크로스스티치(십자수)** 십자형으로 교차되는 모양의 수로 원단 위에 웨스트 캔버스나 올이 굵은 원단을 올려놓고 그 위에 크로스스티치 하면 쉽게 수놓을 수 있다. 십자의 크기를 일정하게 놓는 것이 좋다.

❺ **프렌치너트스티치** 눈이나 씨앗, 꽃술을 표현할 때 사용되는 방법. 바늘에 실을 두세 번 감아서 바늘이 나온 자리에 넣는 방법으로 실을 많이 감을수록 매듭이 커진다.

❻ **스트레이트스티치** 직선으로 만들 수 있는 모양을 표현할 때 사용되는 방법. 별, 꽃, 잔디 등 다양한 표현이 가능하고 면을 채울 때도 사용한다.

❼ **레이지데이지스티치** 꽃잎이나 나뭇잎을 표현할 때 사용되는 방법. 실을 잡아당기는 정도에 따라 길쭉하고 동그란 모양의 조절이 가능하다.

❽ **새틴스티치** 면을 채울 때 사용되는 방법. 일정한 간격을 유지해야 하고 적당히 손힘을 조절해야 원단이 울지 않는다. 수틀을 이용하면 원단이 우는 것을 방지할 수 있다.

❾ **롱앤드쇼트스티치** 짧고 긴 수를 반복하여 놓는 방법으로 넓은 면을 채울 때 사용된다.

××× 재료 구입처

🔘 오프라인

동대문 종합시장
: 오전 8시~오후 6시, 일요일 휴무, 토요일 영업시간 짧음

리넨_ A, B, C, D동 3층
리넨을 취급하는 곳은 흩어져 있어서 발품이 많이 필요하지만 온라인으로는 알 수 없는 정확한 색감과 촉감을 확인할 수 있다. 원단은 최소 1yd(110×90cm)의 단위로 거래된다. 같은 리넨을 다시 구하기는 어려우니 마음에 드는 리넨은 조금 넉넉하게 사두는 것이 좋다.

체크, 스트라이프 원단_A동 3층
취향에 맞는 원단이 많은 가게는 명함을 받아오거나 상호와 위치를 수첩에 적어놓으면 다시 동대문을 찾을 때 편하다.

레이스_B동 2층
1yd로 끊어서 살 수 있지만 많이 필요한 경우 롤로 사면 더 저렴하게 살 수 있다.

기본 재료, 단추_A, B, C, D동 1층
단추는 대부분 1층에 모여있지만 2층에도 많이 흩어져 있다.

장식 재료, 퀼트 원단_A, B, C, D동 5층
다른 층에 흩어져 있어 발품을 팔아야 찾을 수 있는 장식 재료 가게들에 비해 비싼 편이긴 하지만 모든 장식 재료를 한눈에 볼 수 있어 쇼핑하기 편리하다. 퀼트 가게에서는 1/4yd 단위로 원단을 살 수 있다.

🌸 온라인

네스홈 www.nesshome.com
심플소잉 www.simplesewing.co.kr
천마트 www.chunmart.co.kr
인패브릭 www.in-fabric.co.kr
천랜드 www.chunland.co.kr
퀼팅맘 www.quiltingmom.co.kr
선퀼트 www.sunquilt.com

방 안에 화사한
바람을 불어넣는
소품

Room

봄과 가을을 위한 룸슈즈
봄과 가을을 위한 주머니
잘자요 수면안대
다락방 블랭킷
보랏빛 방석
겨울에게 보온물주머니커버

봄과 가을을 위한
룸슈즈, 주머니

Room shoes, Pouch

룸슈즈 실물본: 부록 페이지 | 룸슈즈, 주머니 자수 도안: p.188

시작이 반이라는 말은 룸슈즈를 만들 때만큼은 와닿지 않는다.
실컷 했다고 잠시 앉아 있던 허리를 펴보아도
눈앞에 있는 것은 이제 막 재단만 끝낸 원단들뿐이다.
아마 두 짝을 만들어야 해서 그럴 것이다.
재단도 오래 걸리고, 두 짝을 만들어야 하고,
곡선만 빼곡한 룸슈즈를 올해도 만들고 있는 것은
룸슈즈를 만들고 그것을 신고 선물하는 내가 좋아서이다.
봄과 가을을 위해 바늘을 붙잡는다.
꽃수도 놓아주고, 좋아하는 블랙와치로도 만들어보고,
신고 벗기 편하라고 발꿈치에 테이프도 달아준다.
한겨울 룸슈즈는 나를 따뜻하게 하고,
봄과 가을의 룸슈즈는 하릴없이 온 집안을 돌아다니게 한다.

빨간 실로 꽁꽁 싸맨
블랙와치 룸슈즈!

룸슈즈 만들기 (230mm)

재료
겉감 : 리넨-오른발 몸판 A, 오른발 밑판 B, 왼발 몸판 E, 왼발 밑판 F(1/2yd)
안감 : 리넨-오른발 몸판 C, 오른발 밑판 D, 왼발 몸판 G, 왼발 밑판 H(1/2yd)
부자재 : 리넨 테이프(4cm) 2개

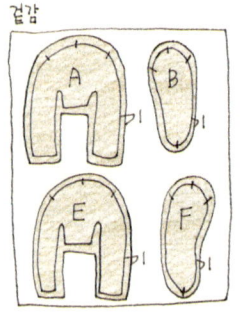 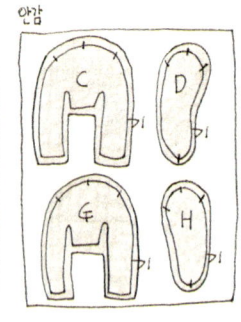

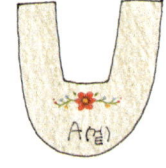

2 A의 겉면에 수를 놓는다.

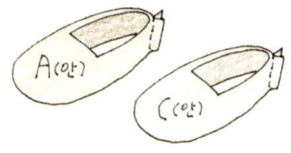

3 A와 C의 발꿈치 부분을 각각 연결한다. 시접을 갈라 다린다.

1 A, B, C, D-본을 대고 그린 후 중심선을 표시하고 시접을 1cm 두어 재단한다.*

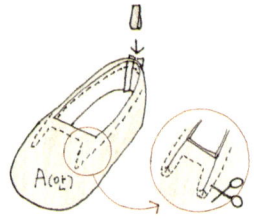  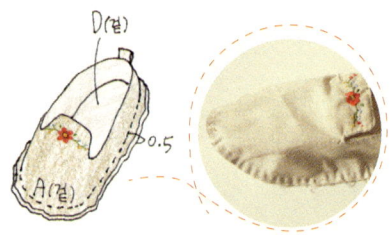

4 A와 C를 겉면이 맞게 끼워 넣는다. 발꿈치 부분에 겉감과 안감 사이로 리넨 테이프를 반 접어 넣는다. 윗면을 모양대로 박고 그림의 빨간 동그라미 부분처럼 가위집을 낸다.

5 겉면이 보이게 바닥으로 뒤집어서 다림질로 윗면을 정리하고 상침질한다.

6 D의 겉면 위에 5의 몸판을 올리고 중심선을 맞춰서 밖에서 0.5cm 안쪽을 박는다.

 해당화's tip

일러스트 과정은 오른발(A, B, C, D)을 만드는 과정입니다. 왼발(E, F, G, H)은 과정1의 그림처럼 도안을 반대로 놓고 본을 그린 후 오른발과 같은 방법으로 하면 돼요. 겨울 룸슈즈는 안감에 접착솜을 붙이고 같은 과정으로 만드세요.

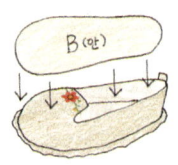 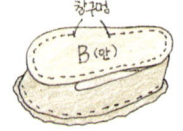 

7 6에 B의 겉면을 맞대어 덮고 창구멍을 남기고 박는다.

8 창구멍으로 뒤집어서 모양을 다듬고 창구멍을 공그르기 한다.

주머니 만들기 (14.5×19 _ 끈길이 제외)

재료
겉감 : 리넨-A(17×41cm), 끈 C(2×42cm) 2장
안감 : 리넨-B(17×41cm)

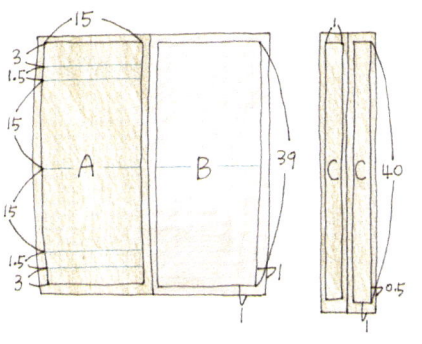
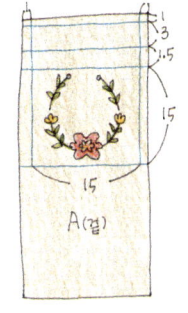
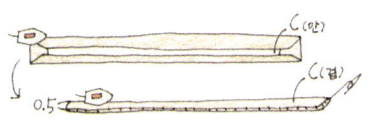

1 A, B-시접을 1cm 두고 재단한다.
그림처럼 각 위치를 표시한다.
C-시접을 위아래는 1cm, 양옆은
0.5cm 두고 2장 재단한다.

2 A의 겉면에 패브릭 수성펜으로
15×15cm의 수놓을 공간을 표시한 후
도안을 그리고 수를 놓는다.

3 C 두 장을 각각 네 면의 시접을 접어
다린 후 다시 반으로 접어 다리고
세 면을 공그르기 하여 끈 2개를 만든다.

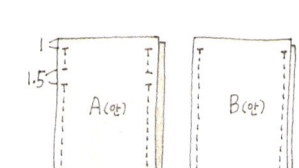
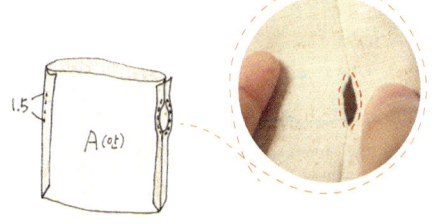

4 A는 겉면이 맞대게 반으로 접고 끈이 들어갈
1.5cm 공간을 남기고 양옆을 박는다.
B도 겉면이 맞대게 반으로 접어 양옆을 모두 박는다.

5 그림처럼 A의 양옆 시접을 접고
끈이 들어갈 부분의 둘레를 박는다.

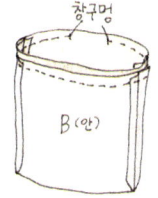
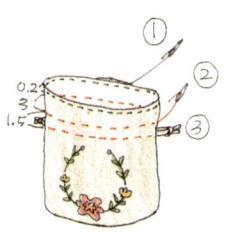

6 A와 B를 겉면이 맞대게 끼워 넣고
창구멍을 남기고 입구를 박는다.

7 ①창구멍으로 뒤집어서 모양을 다듬고
창구멍을 공그르기 한다.
②윗면과 끈이 들어갈 1.5cm 공간
둘레를 빨간색으로 표시한 부분처럼 상
침질한다.
③양옆으로 끈을 넣고 끝을 매듭짓는다.

잘 자요 수면안대

Sleep shade

실물본: 부록 페이지, 자수 도안: p.193

양 한 마리, 양 두 마리, 양 세 마리.

어느 날 라디오에서 불면증에 시달리는 청취자의 사연이 소개되었다.

DJ들은 따뜻한 물에 목욕을 하거나 따뜻한 우유를 마시는 등 여러 가지 방법을 권하다가

눈을 감고 양을 몇 마리까지 세어봤냐는 엉뚱한 샛길로 빠지게 되었는데

그중 내가 좋아하는 DJ는, 자신은 양 100마리를 세기 전에 잠이 깬다는 것이다.

상상의 중심을 가르는 울타리 한쪽의 양들이 다른 편으로 잘 넘어가다가

100마리를 세기 전에 어느 양이 울타리를 넘다 항상 넘어지는데 그 모습이 너무 웃겨서 그렇다는 것이다.

웃지 못할 일은 그 후로 내 상상 속의 양들도 그러하다는 것이다.

수면안대에 수놓인 잘 자요, 라고 말하고 있는 아기양이

늘 울타리를 넘다가 넘어지는 바로 그 귀여운 양이다.

 **수면안대 만들기** (19.5×9_끈 길이 제외)

재료
앞판 : 리넨-A(19.5×10.5cm)   뒤판 : 체크 원단-B(19.5×10.5cm)
속감 : 검정 원단-C(19.5×10.5cm)   바이어스테이프 : 플라워 원단-D(54×4cm)
부자재 : 2온스 접착솜-E(19.5×10.5cm), 고무줄(34cm) 1개

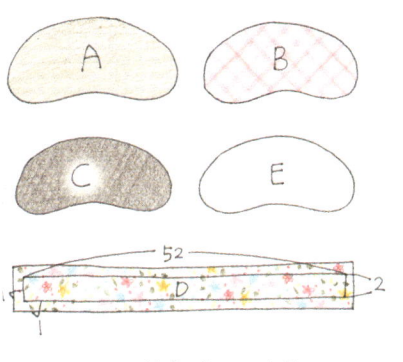
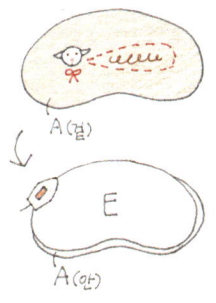
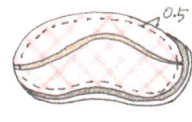

1 A, B, C, E-본을 대고 그린 후 시접 없이 재단한다. D-시접을 1cm 두고 재단한다.*

2 A의 겉면에 수를 놓은 후 A 안면에 다림질로 접착솜 E를 붙인다.

3 A와 B의 안면을 맞대고 그 사이에 C를 넣는다. B 겉면 위에 고무줄을 놓고 시접에서 0.5cm 떨어진 곳을 함께 둘러 박는다.*

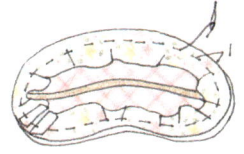

4 바이어스테이프 D의 위아래 시접을 접어 다린 후 다시 반으로 접어 다린다.

5 접힌 바이어스테이프를 펴서 옆 시접을 접고 B와 겉면을 맞대고 그림처럼 박는다.

6 바이어스테이프를 A 겉면으로 넘기고 시접을 접어 넣어 A 겉면에 공그르기 한다. 바이어스테이프 양끝도 공그르기 한다.

 해당화's tip

· 과정1에서 바이어스테이프감은 원단을 45° 방향의 사선으로 잘라야 해요. 폭은 원하는 바이어스테이프의 4배로 재단하면 됩니다(p.019 참고). 일러스트 과정은 폭 1cm로 완성되는 바이어스테이프입니다.
· 과정3에서는 검정색의 어두운 원단을 넣어야 빛이 차단된답니다.

햇살도 익어가는 10월 무렵,
팔레트에서도 제법 가을스런 색들을 골라 네모를 엮어간다.
10월처럼 햇살에 익어가는 색들은
오후의 나른한 온도에 꾸벅꾸벅 조는 듯도 하다.
차 마시는 식탁도, 낮잠 자는 소파 위도, 여행가는 차 안도,
귤 까먹고 책 보며 뒹굴 거리는 전기장판 위도
목화솜 품은 빛바랜 블랭킷은 작은 다락방으로 만들어준다.

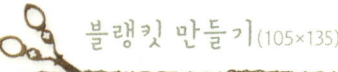 블랭킷 만들기 (105×135)

재료
앞판 : 무늬원단-패치용 A, B, C, D(17×17cm) 12장씩
　　　리넨-테두리 E(108×10cm) 2장, F(138×10cm) 2장
뒤판 : 리넨-G(108×138cm)
부자재 : 솜-H(108×138cm)

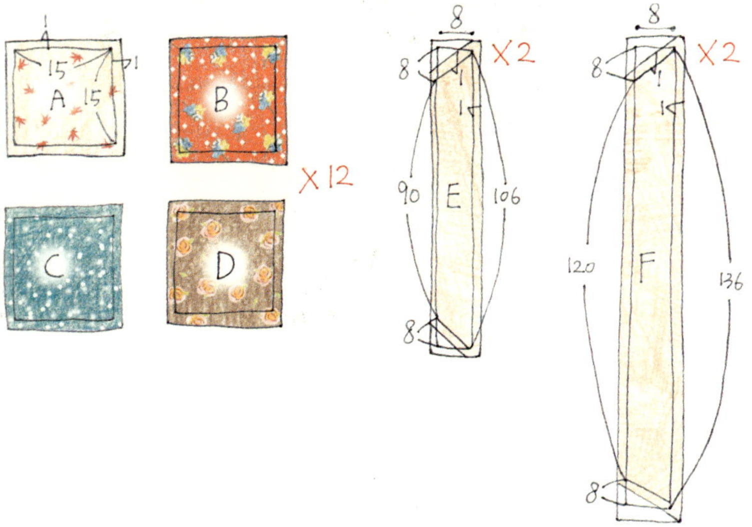

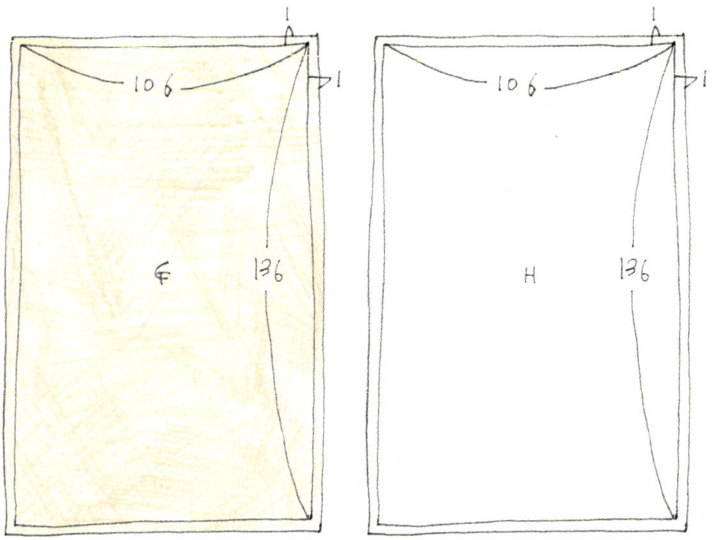

1 A, B, C, D-시접을 1cm 두고 12장씩 재단한다.
E, F-시접을 1cm 두고 2장씩 재단한다.
G, H-시접을 1cm 두고 재단한다.

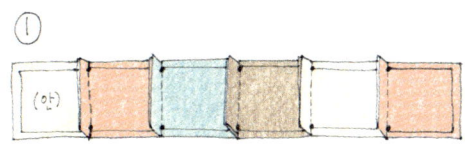

2 ①A, B, C, D 원단을 가로로 6개
   배치한 후 세로를 연결한다.
   같은 방법으로 8줄 만든다.
   ②완성될 부분의 ㄱ줄은 ㄱ.방법으로,
   ㄴ줄은 ㄴ.방법으로 그림과 같이
   다림질로 시접을 정리한다.

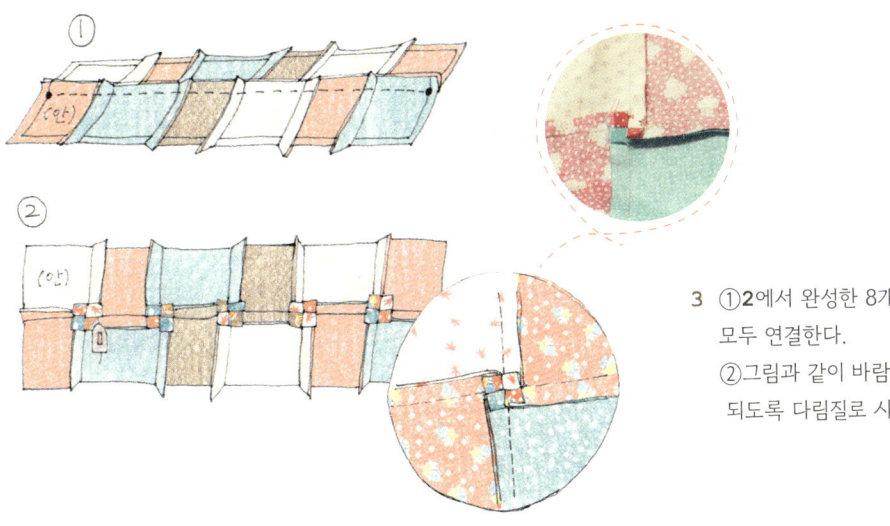

3 ①2에서 완성한 8개 줄의 가로를
   모두 연결한다.
   ②그림과 같이 바람개비 모양이
   되도록 다림질로 시접을 정리한다.

블랭킷 만들기

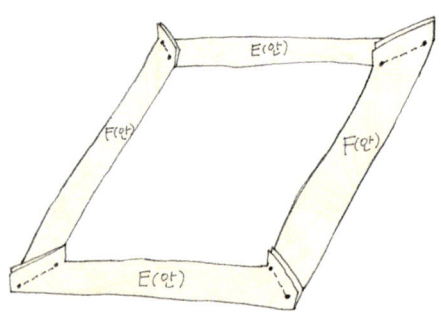

4 그림처럼 E와 F를 연결한다.

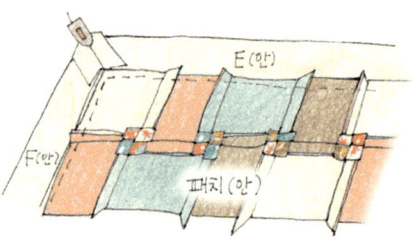

5 4에 패치한 원단을 연결한 후 E와 F 연결 부분의 시접을 갈라 다린다.

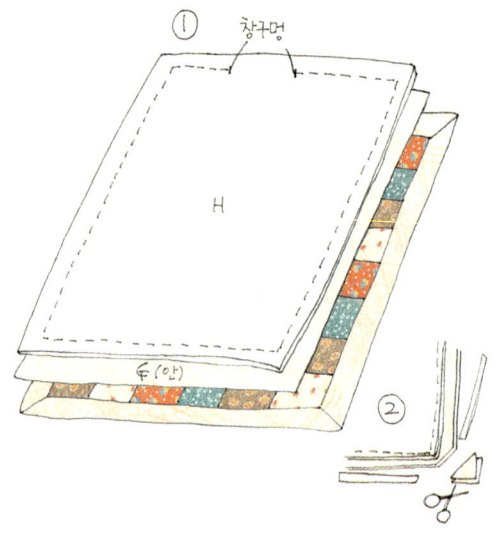

6 ①앞판과 뒤판의 겉면을 맞대고 G 안면에 솜 H를 올려 창구멍을 남기고 박는다.
②솜의 시접은 박음질선 가까이 자르고 앞판과 뒤판은 모서리를 조금 자른다.

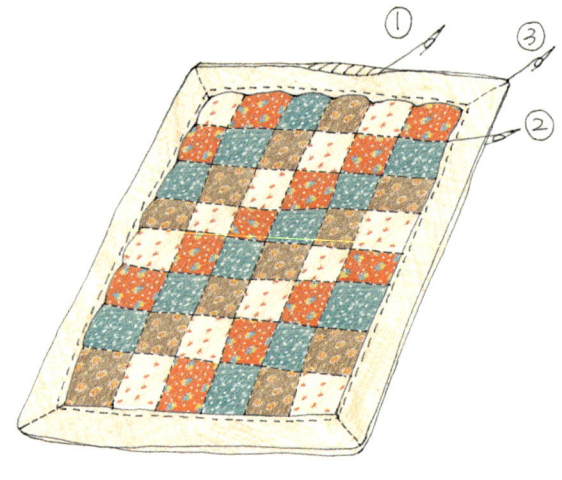

7 ①창구멍으로 뒤집어서 모양을 다듬고 창구멍을 공그르기 한다.
②패치 부분은 모두 상침질로 누빈다.
③블랭킷의 네 면과 모서리를 상침질로 누빈다.

보랏빛 방석

자수 도안: p.187

Sitting cushion

크로스스티치는 수를 놓은 만큼 다시 푸는 일도 잦다.
잠시 다른 생각을 하다가 다른 곳에 엑스 표시를 그리는 것이다.
리넨의 끄트머리에 보랏빛 별들을 무리지어 놓다 흐트러뜨리기를 돌림노래 부르듯 하니
어느새 별들은 군락을 이루어 보랏빛 장미 넝쿨이 되었다.

 방석 만들기 (53×53)

재료
- 앞판 : 리넨-A(55×55cm)
- 뒤판 : 연보라 리넨-B(55×38cm), C(55×24cm)
- 부자재 : 지퍼(55cm) 1개, 방석솜(50×50cm)

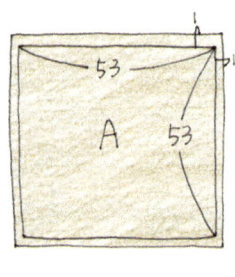
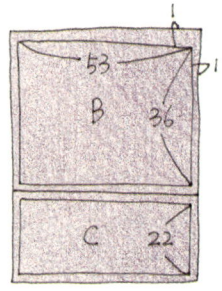

1 시접을 1cm 두고 재단한다.

2 A의 겉면에 수를 놓는다.*

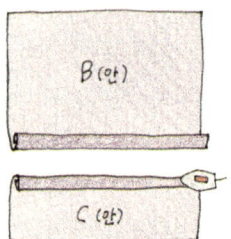
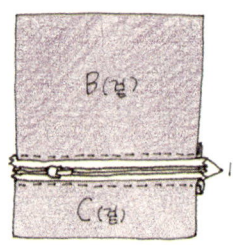

3 B의 아래 시접과 C의 위 시접을 말아 접어 다린다.*

4 지퍼의 겉면에 B와 C를 연결한다. 연결 후 지퍼의 폭은 1cm가 되게 맞춘다.

5 ①B를 지퍼 쪽으로 3cm 끌어당겨 지퍼를 덮고 다린다.
②지퍼 알을 가운데로 오게 한 후 그림처럼 박는다.
빨간색으로 표시한 부분은 더 튼튼하게 박는다.

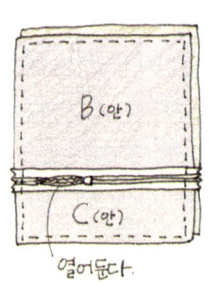
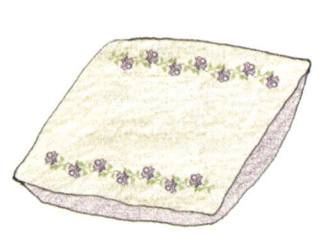

6 지퍼를 조금 열어두고 앞판과 뒤판의 겉면을 맞대고 박는다.

7 뒤집어서 방석 솜을 넣는다.

Room

해당화's tip

· 과정2의 수를 놓을 땐 웨스트 캔버스나 매직 캔버스 또는 올이 굵은 원단을 놓고 십자수를 놓은 후 핀셋으로 씨실과 날실을 빼면 됩니다.
· 과정3은 p.015의 말아박기에서 홈질을 제외한 과정과 같아요.

겨울에게
보온물주머니커버

실물본: 부록 페이지, 자수 도안: p.195

Hot water bottle cover

뜨거운 물을 넣고 뚜껑을 닫아 끌어안는다.
이상하게도 나는 20세기의 사람이 된다.
로모의 셔터를 누를 때에도 룸슈즈를 신을 때에도 한밤에 라디오를 들을 때에도 촛불을 켤 때에도
가끔 나는 20세기의 사람이 되는데 그 고요하고 맑은 기분이 좋아 부러 지나가는 21세기를 붙잡아놓는다.
21세기의 보온물주머니에서는 빨간 고무 냄새도 나지 않고 물을 부을 때 손을 델 일도 없다.
무언가 허전해서 눈 내리는 옷을 입혀주었다.

 ## 보온물주머니커버 만들기 (20.5×33.5)

재료
겉감 : 브라운 리넨-앞판 A, 뒤판 B(22.5×28.5cm)
　　　리넨-앞판 C, 뒤판 D(22.5×9cm)
안감 : 브라운 리넨-앞판 E, 뒤판 F(22.5×35.5cm)
부자재 : 레이스(22.5cm) 1개, 보온물주머니(20×33cm)

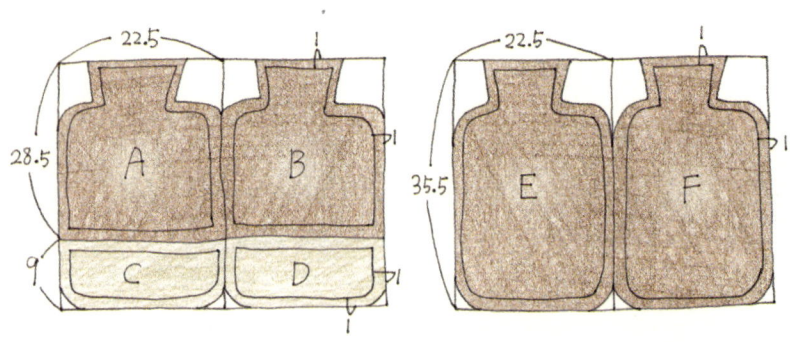

1 본을 대고 그린 후 시접을 1cm 두고 재단한다.

2 A의 겉면에 수를 놓는다.

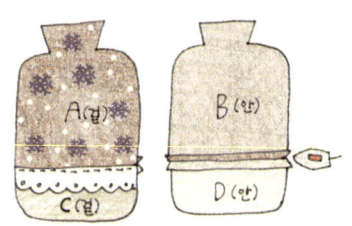

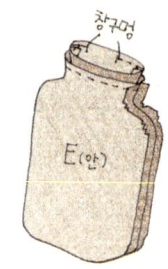

3 A와 C, B와 D의 가로를 연결한 후 시접을 갈라 다린다. C의 겉면에 레이스를 단다.

4 연결한 겉감의 겉면을 맞대고 세 면을 박는다. 안감도 겉면을 맞대고 세 면을 박는다. 모서리 부분에 가위집을 낸다.

5 겉감과 안감을 겉면이 맞대게 끼워 넣고 창구멍을 넉넉히 남기고 입구를 박는다.

6 ①창구멍으로 뒤집어서 모양을 다듬고 창구멍을 공그르기 한다.
　②입구를 상침질한다

해당화's tip

자수를 놓은 커버에 보온물주머니를 넣어서 선물하면
잊지 못할 크리스마스 선물이 돼요.
너무 뜨거운 것이 싫은 사람은 조금 도톰한 원단으로 만들면 되고
따뜻한 니트 원단이나 기모 원단으로 만들어도 좋아요.

리넨 향기가 나는 책상 위 장식 소품

Desk

4월의 양 다이어리커버 | 밀크티 레인 북커버
밀크티 레인 책갈피 | 6월의 장미 줄자케이스
서양레이스 소잉메이트 | 서양레이스 소잉파우치
초콜릿봉지 바네파우치 | 엄마의 통장지갑
편지봉투 카드지갑 | 수신인 없는 봉투파우치
이상한 나라의 토끼 바네파우치
소소한 것들의 프레임파우치

Diary cover

자수 도안: p.193

4월의 양
다이어리커버

Desk

일본 어느 카페의 이름이 3월의 양이라 한다.
카페 주인장이 3월의 양띠라서 그렇다고 하는데
그보다 조금 더 포근한 4월의 벚꽃비 속에
양띠는 아니지만 작은 양 한 마리를 풀어놓는다.
손에 익고 손때가 탄 나의 다이어리의 봄옷이 되었다.

다이어리커버 만들기(27.5×18)

재료
겉감 : 리넨-A(29.7×20.3cm), 프린트 원단-포켓 C(14×20.3cm) 2장
안감 : 리넨-B(29.7×20.3cm)
부자재 : 아플리케용 원단-D(26×5.5cm), E(19×6.5cm), 레이스(21.5cm) 1개

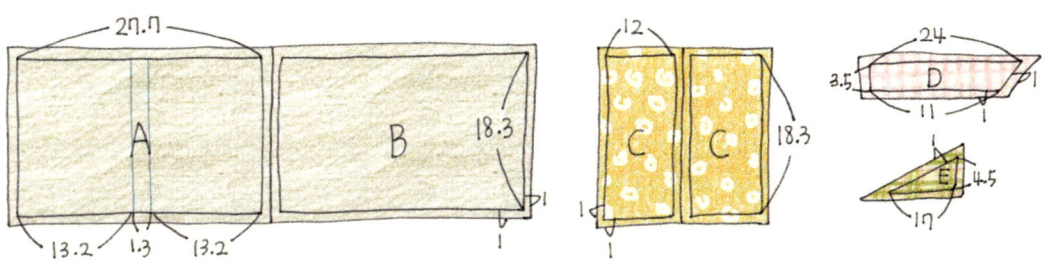

1 A, B, D, E-시접을 1cm 두고 재단한다. / C-시접을 1cm 두고 2장 재단한다.

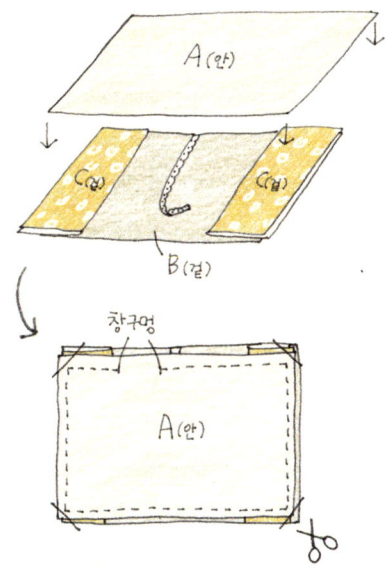

2 A의 겉면에 D와 E를 아플리케 한다. 스탬프를 찍고 지워지지 않게 다린 후 수를 놓는다.*

3 C 두 장을 각각 반으로 접어 다리고 레이스는 끝을 말아 박는다.

5 창구멍으로 뒤집어서 모양을 다듬고 창구멍을 공그르기 한 다음 다이어리에 씌운다.

4 B의 겉면에 C의 접은 쪽이 안으로 향하게 올리고 가운데 레이스도 올린다. A의 겉면을 맞대어 올린 후 창구멍을 남기고 박은 후 모서리를 조금 자른다.

 해당화's tip

· 아플리케 할 모양이 사각형과 같은 직선일 경우에는
  시침실을 당겨 다릴 필요 없이 바로 접어 다리면 편해요.

· 다이어리커버를 만들 때에는
  다이어리의 가로 세로에서 5mm를 추가하여 재단하세요.
  제가 작업한 다이어리의 사이즈는 13×17.8×1.2cm입니다.

Book jacket, Bookmark

밀크티 레인
북커버, 책갈피

북커버 자수 도안: p.190, 191 | 책갈피 자수 도안: p.191

굳이 지하철 안에서 책을 보지 않더라도 책에 북커버를 입혀 손에 든다.
지금 읽고 있는 책은 작가도 모르는 나만의 책이 된다.
어렸을 적에 언니들이 고운 포장지로
왜 그토록 정성스럽게, 반듯하게 책에 커버를 만들어주었는지
새삼 고개가 끄덕여진다.

무지개 뜨는 그 마을에서는 밀크티가 내리구요,
내 마음은 달게 받아 마십니다.

리넨 위에 지나가는 밀크티 구름을 불러다가 밀크티를 내린다.
내 마음은 따뜻한 글귀와 밀크티를 달게 받아 마신다.

북커버 만들기 (41×21)

재료
겉감 : 리넨-A(43×23.5cm), 플라워 자수 원단-포켓 C(20×23.5cm), D(5×23.5cm)
안감 : 리넨-B(43×23.5cm)
부자재 : 아플리케용 펠트-E, F 조금

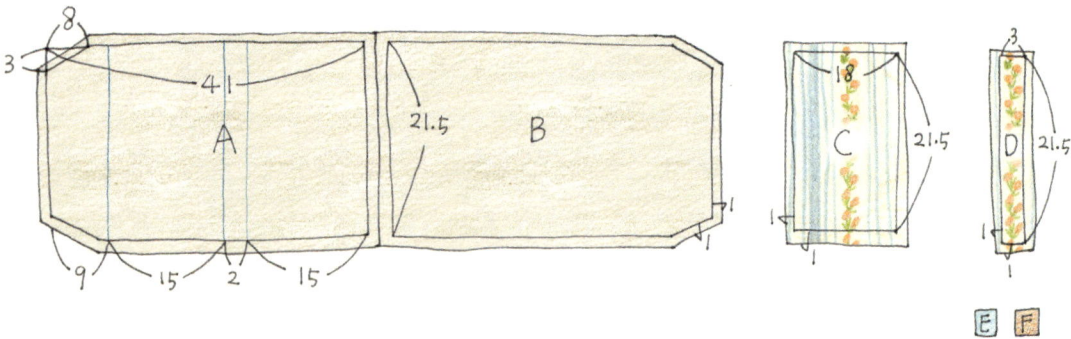

1 시접을 1cm 두고 재단한다.

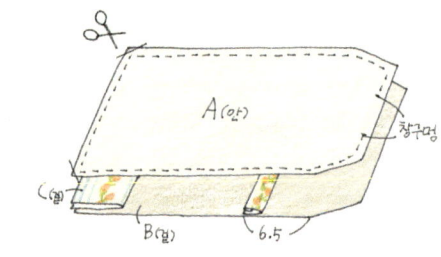

2 A의 겉면에 E와 F로 장식한 후 수를 놓는다.

3 C는 반으로 접어 다리고 D는 옆 시접을 접어 다린 후 반으로 접어 옆면을 공그르기 한다.

4 B의 겉면에 C의 접은 쪽이 안으로 향하게 올리고 그림처럼 위치를 잡아 D도 올린다. A를 겉면이 맞대게 올린 후 창구멍을 남기고 박는다. 모서리를 조금 자른다.

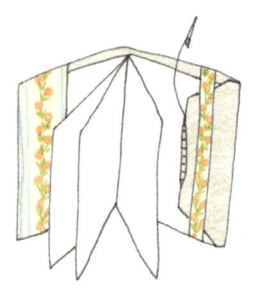

5 창구멍으로 뒤집어서 모양을 다듬고 창구멍을 공그르기 한다. 책에 씌운다.

Desk

책갈피 만들기 (5×10_끈 길이 제외)

재료
- 겉감 : 리넨-A(6×21cm)
- 부자재 : 접착심지-B(5×10cm), 아플리케용 펠트-C 조금, 끈(12cm) 1개

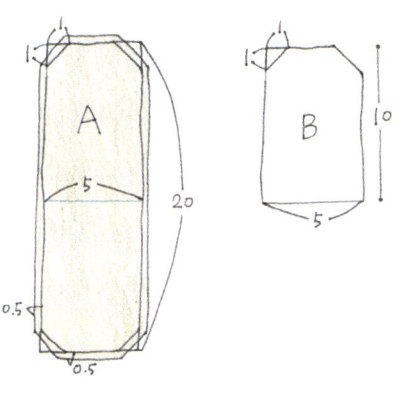
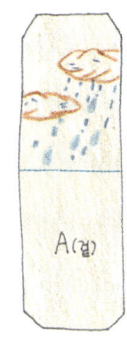
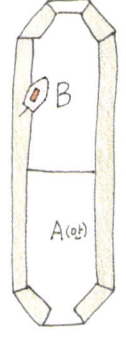

1. A-시접을 0.5cm 두고 재단한다.
   B-시접 없이 재단한다.

2. A의 겉면에 C로 장식한 후 수를 놓는다.

3. A의 안면에 다림질로 접착심지 B를 붙인 후 위와 아래를 제외한 시접들을 접어 다린다.

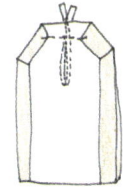
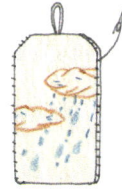

4. A를 겉면이 맞대게 반으로 접은 후 끈을 반 접어 넣고 윗면을 박는다.

5. 옆면으로 뒤집어서 모양을 다듬고 양옆을 공그르기 한다.

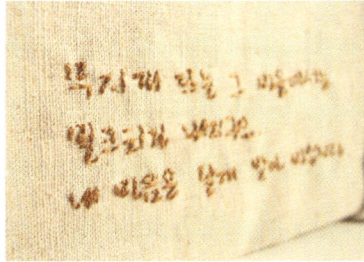

6월의 장미 줄자케이스

Tapeline case

자수 도안: p.191

그리 꼼꼼하지 못한 나는 책에 줄을 그을 때에도 삐뚤삐뚤 연필로 긋는데
실은, 반듯한 줄보다 손맛이 느껴지는 지렁이 줄이 더 마음에 들기 때문이다.
줄자를 주욱 잡아당기면 글줄 밑에 내가 그은 선을 보는 것 같다.
수를 놓을 때에도 이리 툭, 저리 툭 마음 가는 데로 바늘을 움직인다.
실은, 매끄럽게 놓지 못하는 것이다.

줄자케이스 만들기 (지름5.2×1.2)

재료
겉감 : 리넨-앞판 A, 뒤판 B(6.5×6.5cm), 옆판 C(17×2.3cm)
안감 : 광목-앞판 D, 뒤판 E(6.5×6.5cm), 옆판 F(17×2.3cm)
부자재 : 줄자(5.2×5.2cm)

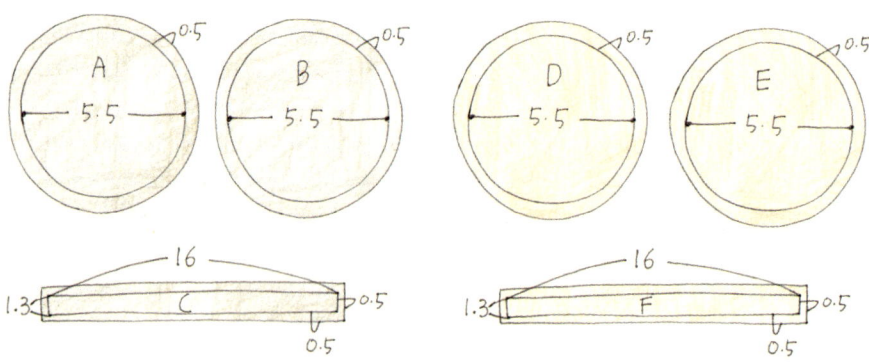

1 시접을 0.5cm 두고 재단한다.

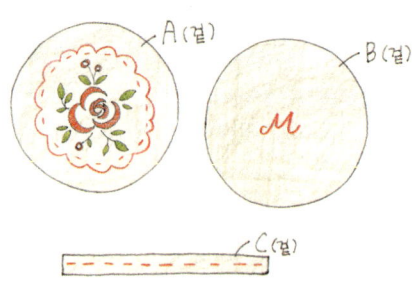

2 A, B, C의 겉면에 수를 놓는다.

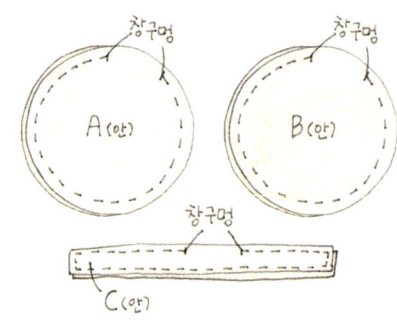

3 A와 D의 겉면을 맞대어 창구멍을 남기고 박는다.
B와 E, C와 F도 각각 겉면을 맞대어 창구멍을 남기고 박는다.

4 창구멍으로 뒤집어서 모양을 다듬고
창구멍을 공그르기 한다.

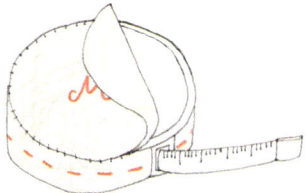

5 앞판과 옆판을 공그르기로 연결한다.

6 5에 줄자를 넣고 뒤판을 덮어 공그르기로 연결한다.

 해당화's tip

줄자처럼 자주 이용하는 작은 도구에
좋아하는 꽃을 수놓고 나의 이니셜을 새기고
마음에 드는 문양을 넣어서 나만의 것을 만들어보세요.

Sewing mate

서양레이스
소잉메이트

가위집 실물본: 부록 페이지 | 벚꽃 핀쿠션 실물본: p.194

동대문에서 나의 눈과 발을 가장 오래 붙들어두는 곳은
레이스 가게들이 모여 있는 곳이다.
잠자리의 날개처럼 하늘하늘한 레이스부터 포근한 실로 엮은 겨울 레이스까지.
빠른 발걸음으로 가다가는
섬세하게 수놓이고 엮인 자태를 감상하기 어려워
내 발걸음이 느려지는 곳이기도 하다.
그러다가 문득, 레이스를 직접 떠보는 것은 어떨까?
라는 아주 무서운 생각이 나비의 날갯짓으로 스치기도 한다.

 바늘집 만들기 (6×7.5)

재료
- 겉감 : 리넨-커버 A(15×9.5cm), 바늘꽂이 B(14×7.5cm)
- 안감 : 리넨-커버 C(15×9.5cm), 바늘꽂이 D(14×7.5cm)
- 부자재 : 접착심지-E(13×7.5cm), 2온스 접착솜-F(12×5.5cm), 모티브 2개, 레이스(13cm) 2개, 단추(지름 1cm 내외) 1개, 끈(8cm) 1개

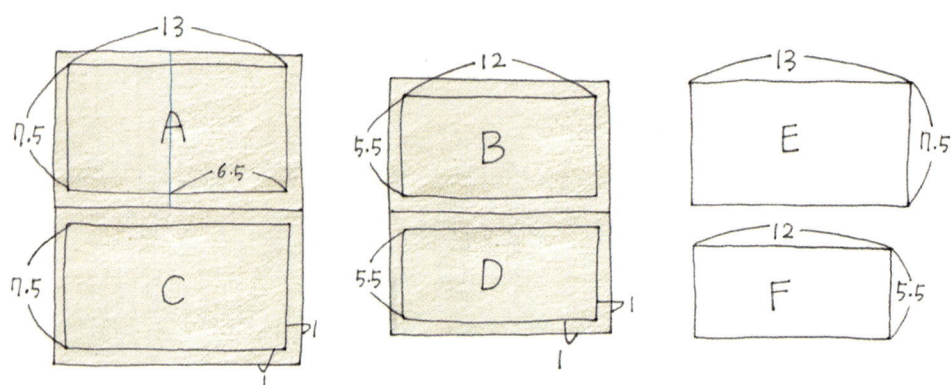

1. A, B, C, D-시접을 1cm 두고 재단한다. / E, F-시접 없이 재단한다.

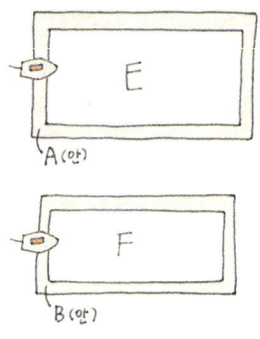 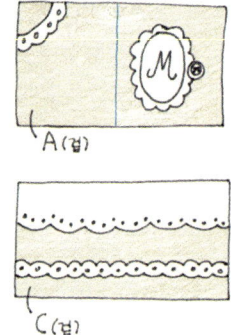 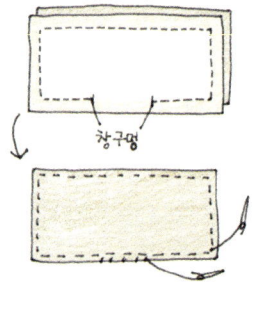

2. A 안면에는 접착심지 E를, B 안면에는 접착솜 F를 다림질로 붙인다.

3. A의 겉면을 모티브와 레이스로 장식한 후 단추를 단다. C의 겉면도 레이스로 장식한다.

4. B와 D의 겉면을 맞대어 창구멍을 남기고 박는다. 창구멍으로 뒤집어서 모양을 다듬고 창구멍을 공그르기 한 후 네 면을 상침질한다.

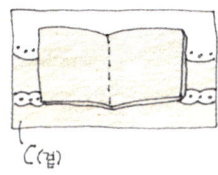
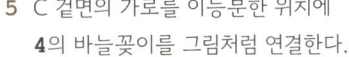
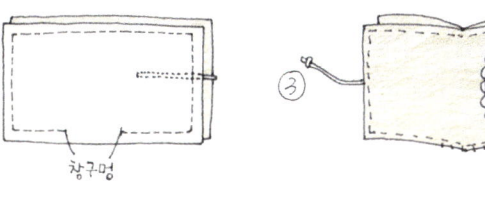

5 C 겉면의 가로를 이등분한 위치에 **4**의 바늘꽂이를 그림처럼 연결한다.

6 C 겉면 위에 A를 겉면이 맞대게 올리고 옆면 사이에 끈을 넣는다. 창구멍을 남기고 박는다.

7 ①창구멍으로 뒤집어서 모양을 다듬고 창구멍을 공그르기 한다.
②네 면을 상침질한다.
③끈의 끝을 매듭짓는다.

 **가위집 만들기** (7×13)

재료
겉감 : 리넨-뚜껑과 뒤판 A(9×22.5cm), 앞판 B(8.5×12.5cm)
안감 : 리넨-뚜껑과 뒤판 C(9×22.5cm), 앞판 D(8.5×12.5cm)
부자재 : 접착심지-뚜껑과 뒤판 E(7×20.5cm), 앞판 F(6.5×10.5cm), 레이스(7×7cm 2개, 8.5cm 1개), 스냅단추 1쌍

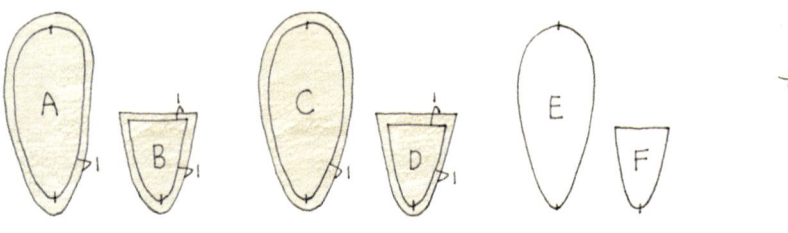 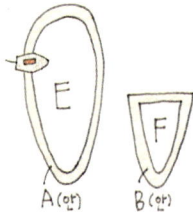

1. A, B, C, D-본을 대고 그린 후 중심선을 표시하고 시접을 1cm 두어 재단한다.
   E, F-시접 없이 재단한다.

2. A와 B 안면에 다림질로 접착심지 E와 F를 붙인다.

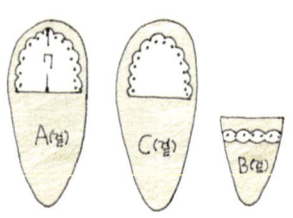 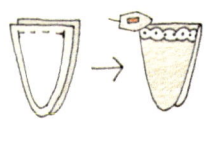 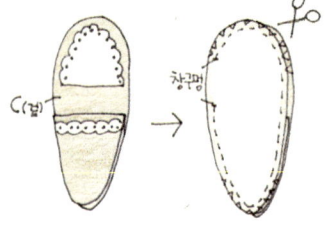

3. A와 C, B의 겉면에 레이스를 장식한다. A와 C는 접히는 부분이 7cm임을 감안하여 장식한다.

4. B와 D의 겉면을 맞대고 윗면을 박는다. 뒤집어서 윗면을 다린다.

5. C 겉면에 4의 앞판을 올리고 A를 겉면이 맞대게 올려 창구멍을 남기고 박는다. 곡선부분에 가위집을 낸다.

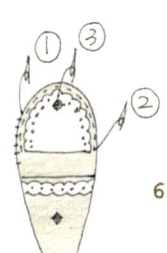

6. ①창구멍으로 뒤집어서 모양을 다듬고 창구멍을 공그르기 한다.
   ②뚜껑의 둥근 부분을 상침질한다.
   ③스냅단추를 단다.

벚꽃 핀쿠션 만들기 (6.5×6.5_끈 길이 제외)

재료
앞판 : 리넨-A(8.5×8.5cm)
뒤판 : 리넨-B(8.5×8.5cm)
부자재 : 레이스(22cm) 1개, 모티브 1개, 솜 적당량

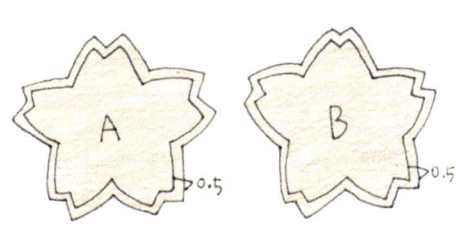

1 본을 대고 그린 후 시접을 0.5cm 두고 재단한다.

2 A의 겉면에 수를 놓은 후 중심에 모티브를 단다.*

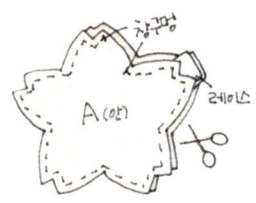

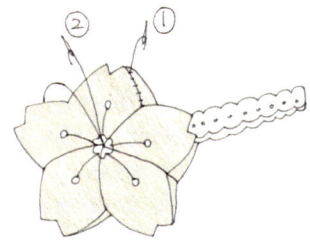

3 A와 B의 겉면을 맞대고 그 사이에 레이스를 반으로 접어 넣는다. 창구멍을 남기고 박는다. 모서리 부분에는 가위집을 낸다.

4 창구멍으로 뒤집어서 모양을 다듬고 솜을 넣는다.*
① 창구멍을 공그르기 한다.
② 그림처럼 바늘을 꽃의 중심에 넣고 실을 두르고 잡아당겨 꽃잎을 갈라준다.

 해당화's tip

· 과정**2**에서 레이스 안의 꽃을 가위로 조심해서 자르면 훌륭한 모티브가 돼요.
  사진에 함께 찍은 사각 핀쿠션도 수를 놓은 것이 아니라 넓은 레이스에서 꽃을 오린 것이랍니다.
· 과정**4**에서 창구멍이 작을 경우에는 뒤집개를 이용하면 쉽게 뒤집을 수 있어요.

서양레이스 소잉파우치

Sewing pouch

Desk

사람들과 카페에서 바느질할 때에
주섬주섬 바느질 도구들을 가방에 챙기며 또 카페 테이블 위에 주섬주섬 늘어놓으니
배낭여행에 배낭을 안 멘 꼴이 된 것 같아 벼르고 별러 만든 소잉파우치.
없을 때는 종종 있던 바느질 모임이 파우치를 만들어놓으니 조용하다.
그래서 보통날에는 소잉파우치를 화장품 파우치로 쓰기로 했다.

소잉파우치 만들기 (20×11.5×5)

재료
- 겉감 : 리넨-앞판 A, 뒤판 B(22×15.5cm)
- 안감 : 리넨-앞판 C, 뒤판 D(22×15.5cm)
- 부자재 : 2온스 접착솜-앞판 E, 뒤판 F(20×13.5cm), 레이스(22cm) 2개, 모티브 1개, 지퍼(20cm) 1개

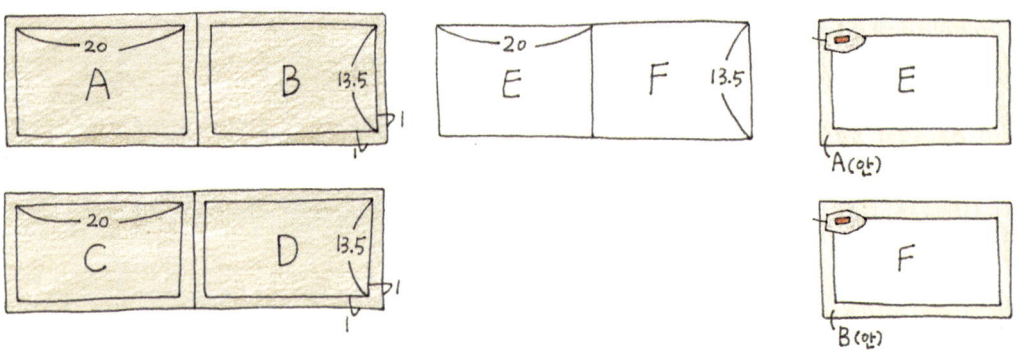
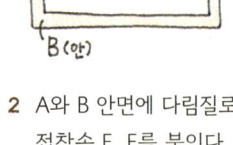

1. A, B, C, D-시접을 1cm 두고 재단한다.
   E, F-시접 없이 재단한다.

2. A와 B 안면에 다림질로 접착솜 E, F를 붙인다.

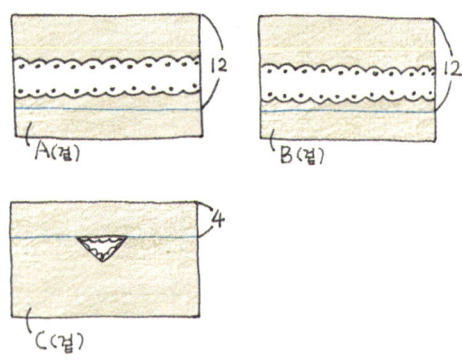
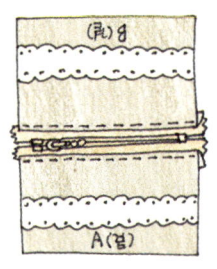

3. A와 B 겉면의 12cm 공간에 레이스를 단다. C 겉면의 위에서 4cm 떨어진 곳에 모티브를 단다.

4. A와 B의 위 시접을 접은 후 지퍼의 겉면에 연결한다.

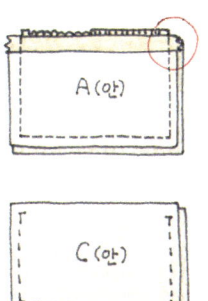 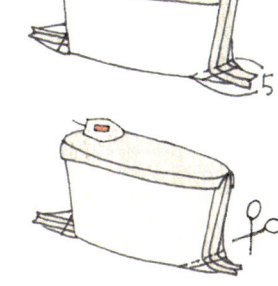 

5 지퍼를 조금 열어 두고 A와 B의 겉면을 맞대어 세 면을 박는다. C와 D도 겉면을 맞대고 세 면을 박는다.*

6 겉감과 안감의 모서리를 접어 바닥면을 만들고 옆면이 5cm가 되게 박은 후 모서리 부분을 잘라낸다. 안감은 위 시접을 접어 다린다.

7 ①겉감과 안감을 안면이 맞게 끼워 넣고 윗면을 공그르기로 연결한다.
②그림처럼 겉감의 양옆과 아랫면을 상침질하여 틀을 잡아준다.

 해당화's tip

· 지퍼가 20cm가 넘을 경우 동그라미 친 부분은
  0.5cm 남기고 박아야
  뒤집었을 때 찌그러지지 않아요.

· 지퍼 파우치는 활용도가 높아서
  많이 만들어 놓아도 모두 요긴하게 쓰입니다.
  이런 파우치 몇 개면 가방 속 정리가 한결 편해져요.
  여행 가방을 꾸릴 때에도
  빠질 수 없는 머스트해브아이템입니다.

Spring pouch

자수 도안: p.195

초콜릿봉지 바네파우치

초콜릿봉지 안에서는 따뜻한 음악들이 녹아 나온다.
때로는 달달한 밀크 초콜릿이, 또 때로는 달콤 쌉싸름한 다크 초콜릿이
듣는 이의 귓속으로 진하게 파고든다.

Desk

 바네파우치 만들기(8×13.5_바네 포함)

재료
겉감 : 브라운 리넨-A(10×29cm)
안감 : 브라운 리넨-B(10×33cm)
부자재 : 2온스 접착솜-C(8×27cm), 아플리케용 원단-D(11.5×8.5cm), 8cm 바네 1개

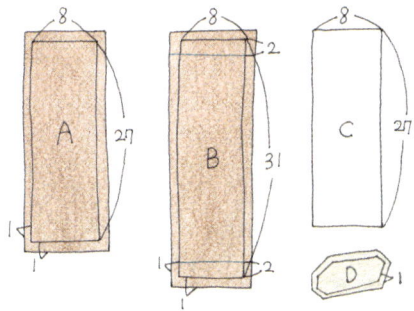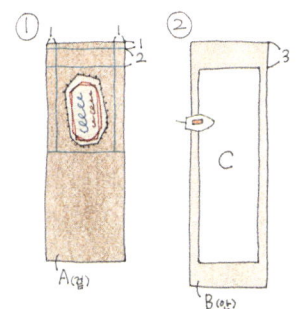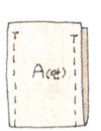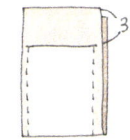

1. A, B-시접을 1cm 두고 재단한다.
   C-시접 없이 재단한다.
   D-본을 대고 그린 후
   시접을 1cm 두고 재단한다.

2. ①D에 수를 놓고 A의 겉면에 패브릭 수성펜으로 공간을 표시한 후 D를 아플리케 한다.
   ②B 안면의 위에서 3cm 떨어진 곳에 다림질로 접착솜 C를 붙인다.

3. A는 겉면이 맞대게 반으로 접어 양옆을 박는다. B도 겉면이 맞대게 반으로 접고, 위로부터 3cm를 남겨두고 양옆을 박는다.

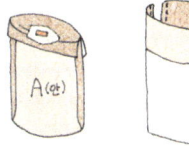

4. A의 위 시접을 접어 다린다.
   B는 3cm 부분의 양옆 시접을 접고 그림처럼 박는다.

5. ①겉감과 안감을 안면이 맞대게 끼워 넣고 안감의 위 시접을 접고 다시 2cm를 접어 내린다.
   ②입구를 돌려 박아 겉감과 안감을 연결한다.

6. 바네를 넣는다.

Desk

어느 날 엄마는 하나하나 찾아야 하는 통장지갑이 아닌
모든 통장과 도장을 한꺼번에 담을 수 있는 통장지갑을 딸에게 의뢰하였다.
딸은 쉽게 여닫을 수 있는 지퍼 파우치로 만들기로 결정하였고
폭을 최대한 얇게 한 슬림한 디자인을 머릿속으로 그려나갔다.
엄마를 위한 꽃무늬 천을 고르는 딸의 손가락은 꽃집 안에서 꽃을 고르는 듯한 모습이었다.

통장지갑 만들기 (16×10×3)

재료
겉감 : 플라워 원단-앞판 A, 뒤판 B(18×10cm)
      리넨-앞판 C, 뒤판 D(18×4cm), 위판 E, F(26×3cm)
      브라운 리넨-밑판 G(30×5cm)
안감 : 체크 원단-앞판 H, 뒤판 I(18×12cm) 위판 J, K(26×3cm), 밑판 L(30×5cm)
부자재 : 지퍼(26cm) 1개, 라벨 1개

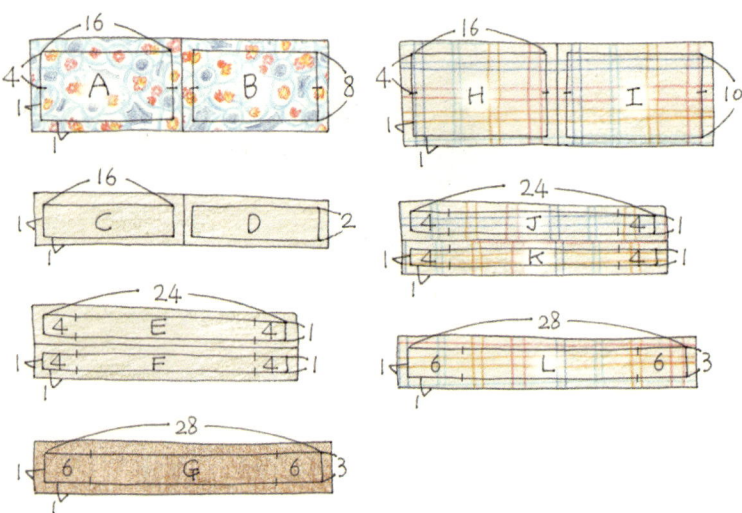

1 시접을 1cm 두고 재단한다.
A, B, H, I-위 완성선에서 안으로 4cm 되는 곳을 표시해 둔다(표시해 둔 곳까지 지퍼가 연결될 부분이다).
E, F, J, K-양옆 완성선에서 안으로 4cm 되는 곳을 표시해 둔다.
G, L-양옆 완성선에서 안으로 6cm 되는 곳을 표시해 둔다.

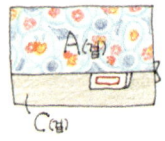  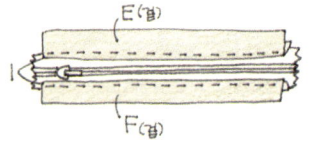 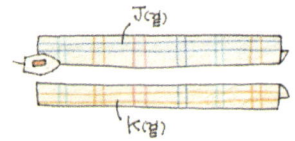

2 A와 C 사이에 라벨을 접어 넣고 연결한다. B와 D도 연결한다.

3 E와 F의 위 시접을 접은 후 지퍼의 겉면에(E와 F 사이의 지퍼 폭이 1cm가 되도록) 연결한다.

4 J와 K의 한쪽 시접을 접어 다린다.

 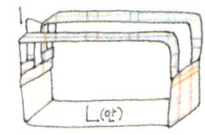  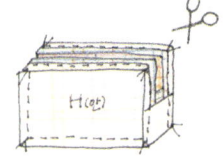

5 3의 위판과 밑판 G를 연결하고 J, K와 L도 연결한다.
J와 K사이는 지퍼의 폭과 같은 1cm가 되게 맞춘다.

6 지퍼를 조금 열어 두고, 재단할 때 표시했던
부분에 맞춰 겉감의 위판과 밑판에
앞판과 뒤판을 연결한다. 안감도 모두 연결한다.
모서리에는 가위집을 낸다.

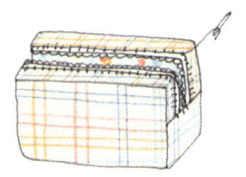

7 안감을 뒤집어 겉이 보이게 한 후 겉감과 안면이
맞대게 끼워 넣고 윗면을 공그르기로 연결한다.

 해당화's tip

통장지갑의 각을 더 살리고 싶으면
접착심지나 접착솜을 덧대면 됩니다.
여러 가지 색상의 지퍼나 다양한 지퍼장식을 이용하면
더 알록달록한 통장지갑을 만들 수 있어요.

통장과 도장,
영수증 모두 넣을 수
있어 좋아요!

실물본: 부록 페이지, 자수 도안: p.195

수업시간에 오고 갔던 봉투 없는 쪽지들은 문자 메시지가 되었고
사람들의 안부는 트위터의 몇 글자로 알 수 있게 되었다.
그래도 가끔 편지봉투를 열어보고 싶을 때가 있다.
안타깝게도 우편함은 늘 내 지갑에만 안부를 묻는 봉투들의 차지지만.

카드지갑 만들기(10×6.5)

재료
겉감 : 체크 원단- 덮개 A(12×7.5cm)
　　　리넨-봉투 B(20×12.5cm)
안감 : 체크 원단-C(20×18cm)
부자재 : 접착심지-D(18×16cm), 가시도트단추 1쌍

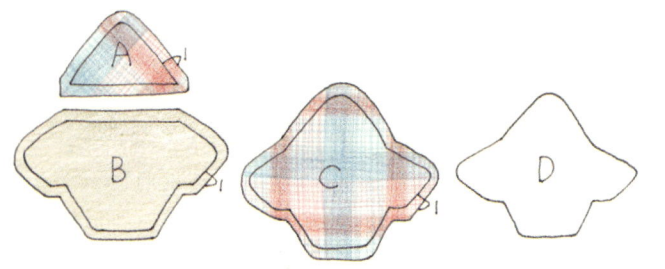

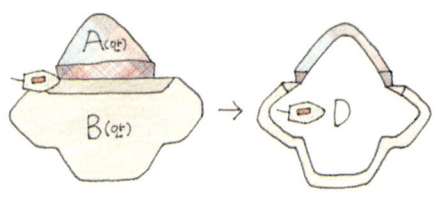

1 A, B, C-본을 대고 그린 후 시접을 1cm 두고 재단한다.
　 D-본을 대고 그린 후 시접 없이 재단한다.

2 A와 B를 연결하고 시접을 갈라 다린 후, 안면에 접착심지 D를 붙인다.

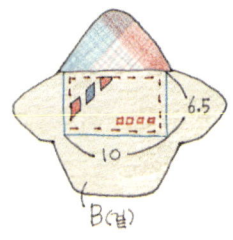
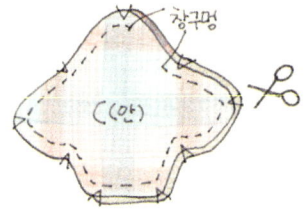
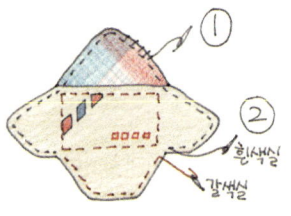

3 B의 겉면에 패브릭 수성펜으로 수놓을 공간을 표시한 후 도안을 그리고 수를 놓는다.

4 겉감과 안감의 겉면을 맞대어 창구멍을 남기고 박는다. 곡선과 모서리 부분에 가위집을 낸다.

5 ①창구멍으로 뒤집어서 모양을 다듬고 창구멍을 공그르기 한다.
　 ②위 부분은 흰색 실로 상침질하고 아랫부분은 갈색 실로 상침질한다.

6 세 면을 봉투처럼 접고 양 옆면과 밑면을 빨간 실로 연결한다. 가시도트단추를 단다.*

해당화's tip

· 가시도트 단추는 위-암·수, 아래-암·수의 4개가 한 쌍이며
  가시도트 다는 기구를 사용해요.
· 편지봉투 카드지갑은 버스카드나 포인트 카드뿐만 아니라
  명함지갑으로 사용해도 좋아요.
  우표 스탬프를 콕 찍어주거나 라벨을 달아줘도 멋스러울 거예요.

실물본, 자수 도안: 부록 페이지

Envelope pouch

수신인 없는 봉투파우치

수신인 없는 봉투 속에는 발신인의 밤들이 까맣게 적혀 있다.
발신인은 작은 카페에 앉아 까만 밤에 까만 커피를 부어
한 권의 책으로 엮어놓는다.

 ## 봉투파우치 만들기 (26×19)

재료
겉감 : 체크 원단1-덮개와 뒤판 A(28×34cm)
       리넨-앞판 B(28×21cm)
안감 : 체크 원단2-덮개와 뒤판 C(28×34cm), 앞판 D(28×21cm)
부자재 : 접착솜-덮개와 뒤판 E(26×32cm), 앞판 F(26×19cm), 나무 단추(지름 1cm 내외) 1개, 스냅단추 1쌍

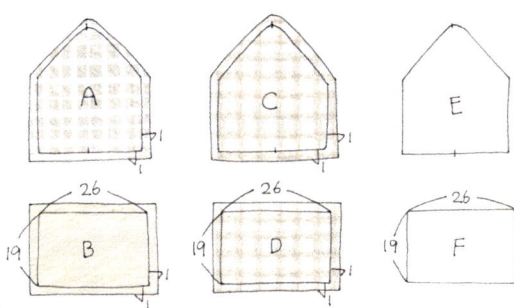

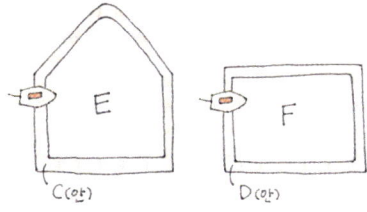

1 A, C-본을 대고 그린 후 중심선을 표시하고 시접을 1cm 두어 재단한다.
   B, D-시접을 1cm 두고 재단한다.
   E-본을 대고 그린 후 중심선을 표시하고 시접 없이 재단한다.
   F-시접 없이 재단한다.

2 C와 D 안면에 다림질로 접착솜 E, F를 붙인다.

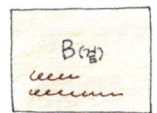 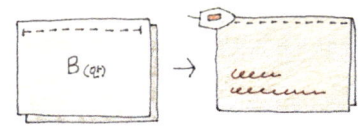
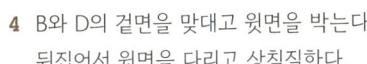
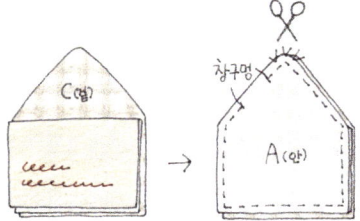

3 B의 겉면에 수를 놓는다.

4 B와 D의 겉면을 맞대고 윗면을 박는다. 뒤집어서 윗면을 다리고 상침질한다.

5 C 겉면에 **4**의 앞판을 B가 보이게 올리고 그 위에 A를 겉면이 맞대게 올려서 창구멍을 남기고 박는다. 곡선부분에 가위집을 낸다.

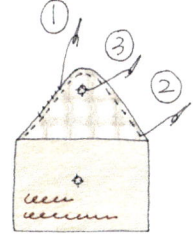 

6 ①창구멍으로 뒤집어서 모양을 다듬고 창구멍을 공그르기 한다.
   ②덮개 부분을 상침질한다.
   ③스냅단추를 단다.

7 바깥쪽에 나무 단추를 단다.

이상한 나라의 토끼
바네파우치

Spring pouch

자수 도안: p.192

여자 아이에게는 신데렐라 공주에서
앨리스로 꿈이 바뀌어 가는 시기가 있다.
그 시기에는 작고 하얀 토끼가
시도 때도 없이 불쑥불쑥 찾아와 말을 걸고는 한다.

바네파우치 만들기(12×11×4_바네 포함)

재료
- 겉감 : 리넨-A(17×26cm)
- 안감 : 프린트 원단-B(17×33cm)
- 부자재 : 접착심지-C(15×26cm), 12cm 바네 1개, 단추(다양한 크기) 5개, 참 1개

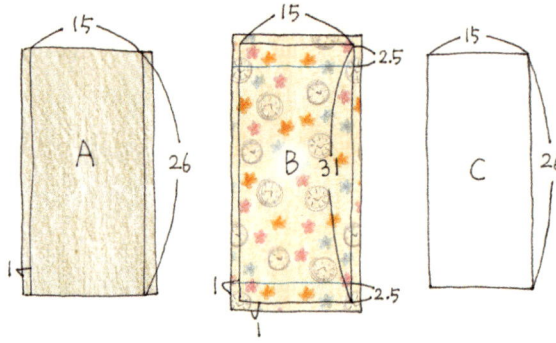 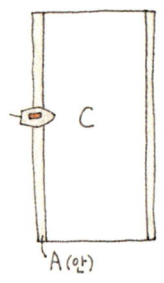

1 A-양옆만 시접을 1cm 두고 재단한다.
B-시접을 1cm 두고 재단한다. / C-시접 없이 재단한다.

2 A의 안면에 다림질로 접착심지 C를 붙인다.

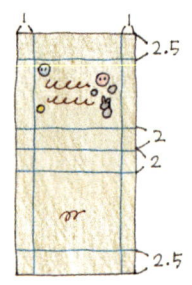 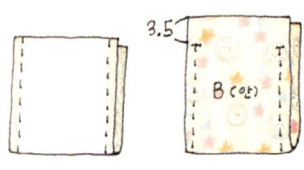 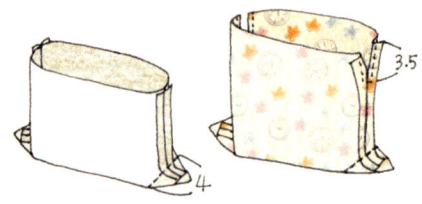

3 A의 겉면에 패브릭 수성펜으로 장식할 공간을 표시한 후 패브릭 펜으로 그림을 그리고 지워지지 않게 다린다. 단추와 참을 단다.

4 A는 겉면이 맞대게 반으로 접어 양옆을 박는다. B는 겉면이 맞대게 반으로 접고, 위로부터 3.5cm를 남겨두고 양옆을 박는다.

5 겉감과 안감의 모서리를 접어 바닥면을 만들고 옆면이 4cm가 되게 박는다. 모서리는 자르지 않아도 상관없다. 안감은 3.5cm 부분의 양옆 시접을 접고 그림처럼 박는다.

6 ①겉감과 안감을 안면이 맞대게 끼워 넣는다.
　　안감의 시접을 접고 다시 2.5cm를 접어 내린다.
　　②입구를 돌려 박아 겉감과 안감을 연결한다.

7 ①바네를 넣는다.
　　②양옆을 공그르기 한다.

열쇠 모양의
참장식을 나란히
달아주었어요.

Frame pouch

소소한 것들의
프레임파우치

실물본: 부록 페이지

커다란 가방 속에서 작은 몸집의 것들은
늘 이리 치이고 저리 치여 한참이 지나 발견되기도 한다.
나의 경우에는 어떤 날은 동전이고
또 어떤 날은 비타민제 같은 작은 알약인데
대부분은 뜯어진 캐러멜이나 사탕이다.
그 무게만큼 아주 사소하고 소소한 것들이지만
없으면 가방을 뒤적이게 되는 그런 것들이다.

프레임파우치 만들기 (7×8×4_프레임 포함)

재료
겉감 : 펀칭자수 원단-앞, 뒤판 A(9×11cm) 2장
  리넨-옆판 B(6×12.5cm) 2장
  프린트 원단-꽃잎 C(4.5×4.5cm) 2장, 나뭇잎 D(2.7×4.5cm) 2장
안감 : 리넨-E(23×20cm)
부자재 : 7cm 프레임 1개, 리넨 라벨 1개, 나무 재질 콩단추(지름 0.5cm~1cm) 1개, 솜 적당량

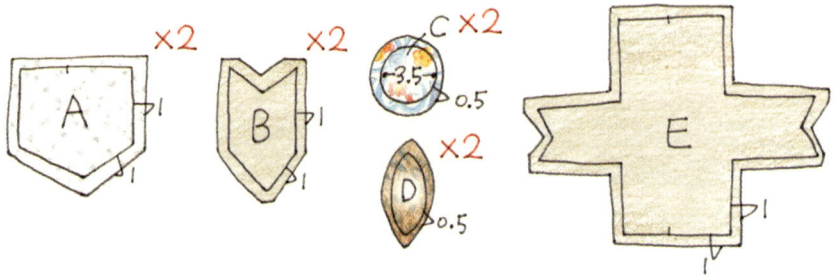

1 A, B-본을 대고 그린 후 중심선을 표시하고 시접을 1cm 두어 2장씩 재단한다.
  C-시접을 0.5cm 두고 2장 재단한다.
  D-본을 대고 그린 후 시접을 0.5cm 두고 2장씩 재단한다.
  E-본을 대고 그린 후 중심선을 표시하고 시접을 1cm 두어 재단한다.

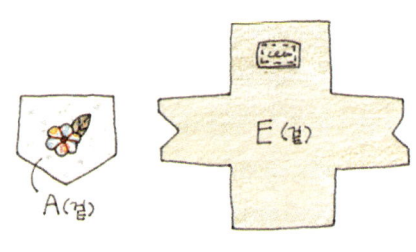

2 C 2장의 겉면을 맞대어 창구멍을 남기고 박는다. 창구멍으로 뒤집어서 솜을 넣고 창구멍을 공그르기 한 후 바늘을 중심에 꽂고 실을 밖으로 두르고 잡아당겨 꽃잎을 가르고 콩단추를 단다.
D도 2장의 겉면을 맞대어 창구멍을 남기고 박는다.
창구멍으로 뒤집어서 모양을 다듬고
창구멍을 공그르기 한 후 수를 놓는다.

3 A의 겉면에 C와 D를 달고 E의 겉면에는 리넨 라벨의 양옆을 접어 단다.

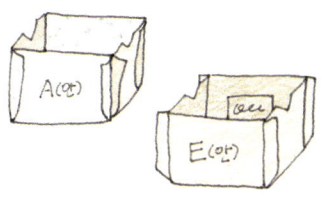 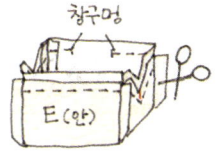 

4 A와 B를 연결하고 E도 옆면을 연결하여 겉감과 안감을 만든다.

5 겉감과 안감을 겉면이 맞대게 끼워 넣고 창구멍을 남기고 박는다. 빨간색으로 표시한 부분처럼 옆면에 가위집을 낸다.

6 창구멍으로 뒤집어서 모양을 다듬고 창구멍을 공그르기 한다.

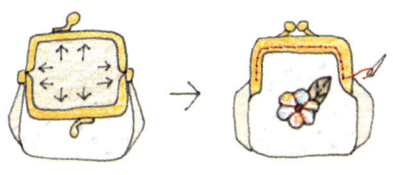

7 **프레임 연결하기**
파우치 윗면을 송곳으로 프레임 속에 밀어 넣고 시침핀이나 시침질로 임시 고정한다. 프레임 구멍을 따라 홈질하여 프레임과 파우치를 연결한다. 반대쪽에서 다시 홈질해서 앞뒤가 같은 모양으로 만든다.*

프레임파우치에 끈을 달아 빗과 거울을 넣어 꼬마숙녀에게 선물하면 좋아할 거예요.

 해당화's tip

바느질로 연결하는 프레임을 다루기 힘들면 접착제로 연결하는 프레임을 이용하세요.

부엌을
한층 분위기 있게
만드는 아이템

kitchen

바다연가 티코스터 | 크리스마스 티코스터

크리스마스 머그워머 | 메리고라운드 티매트

체크 슬리브 | 차가 빛나는 밤에 티코지

꽃 한 송이 티포트주둥이커버

마음씨 좋은 보자기 | 작은 곰 두 마리 주방장갑

타샤의 키친클로스 | 우리 집 커피틴, 커피믹스통

여름정원 커피필터케이스

나의 작은 앞치마 | 소녀 앞치마

바다연가 티코스터

Tea coaster

바다에 발을 담그고 하얀 조개껍데기, 무지갯빛 산호, 바다를 노래하는 돌멩이,
연인들이 가지고 놀았던 바다 꽃, 파도를 담은 소라껍데기,
모두모두 주워다가 모래밭을 장식하고 그 속에 기대앉아 모닥불 피워 연가를 부르고.
바닷냄새 맡으며 차 한 잔 마시려고 차를 우리니
인천의 바닷바람은 내가 사는 곳까지 오다가 여기저기에 바닷냄새를 내려놓고 왔는지
투명한 바람만이 철썩여온다.

Kitchen

티코스터 만들기 (11.5×11.5)

재료
앞판 : 리넨-A(13.5×13.5cm)
뒤판 : 리넨-B(13.5×13.5cm)
부자재 : 단추(지름 1cm 내외의 다양한 모양) 15개, 참 1개, 구슬(지름 0.5cm 내외) 5개

 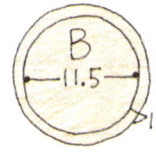 

1 시접을 1cm 두고 원으로 재단한다.

2 A의 겉면에 패브릭 수성펜으로 1cm 안으로 원을 그려 완성선을 표시한 후 단추와 참, 구슬을 단다.

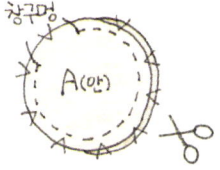 

3 A와 B의 겉면을 맞대어 창구멍을 남기고 박는다. 그림처럼 곡선에 가위집을 낸다.

4 창구멍으로 뒤집어서 모양을 다듬고 창구멍을 공그르기 한다.

 해당화's tip

티코스터를 만들 때 중요하게 생각하는 부분은
컵을 놓았을 때도 장식이 보이도록 하는 것입니다.
예쁘게 만들었는데 컵이 장식을 다 가려버리면 속상하니까
만들기 전에 컵의 사이즈를 꼭 확인하고 만드세요.

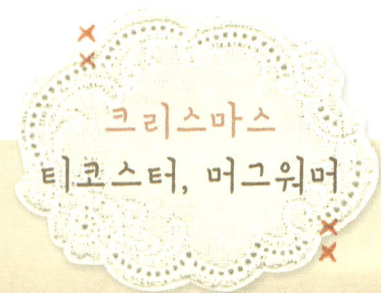

크리스마스
티코스터, 머그워머

티코스터 자수 도안: p.186 | 머그워머 자수 도안: 부록 페이지

Mug warmer, Tea coaster

Kitchen

처음 가져본 법랑 머그잔으로 홍차를 우리니
손잡이까지 뜨거웠던 온기가 겨울바람 맞은 듯
쉬이 차가워지기에 두툼한 옷을 지어주었다.
그 무렵이 크리스마스를 앞둔 날이었고
생일 주인공은 아니지만 나의 크리스마스 선물이 되었다.
서투른 손바느질로 크리스마스 거리를 수놓는 동안
얼마나 손가락을 찔렀는지 모른다.

티코스터 만들기 (9.5×9.5)

재료
앞판 : 체크 원단-A(11.5×7.5cm), C(11.5×3cm)
　　　리넨-B(11.5×5cm)
뒤판 : 리넨-D(11.5×11.5cm)

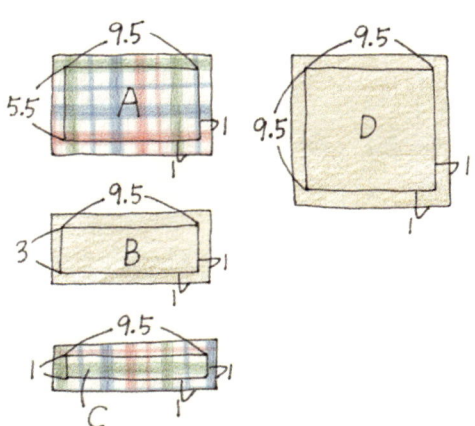

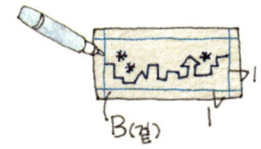

1 시접을 1cm 두고 재단한다.

2 B의 겉면에 패브릭 수성펜으로 수놓을 공간을 표시한 후 도안을 그리고 수를 놓는다.

3 A, B, C의 가로를 연결하고 시접을 갈라 다린다.

4 앞판과 뒤판의 겉면을 맞대어 창구멍을 남기고 박는다.

5 창구멍으로 뒤집어서 모양을 다듬고 창구멍을 공그르기 한다.

Kitchen

 머그워머 만들기 (22.5×7_끈 길이 제외)

재료
- 앞판 : 체크 원단-A(24.5×4.5cm), C(24.5×3.5cm)
       리넨-B(24.5×5cm)
- 뒤판 : 리넨-D(24.5×9cm)
- 부자재 : 2온스 접착솜-E(22.5×7cm), 면 테이프(19cm) 2개

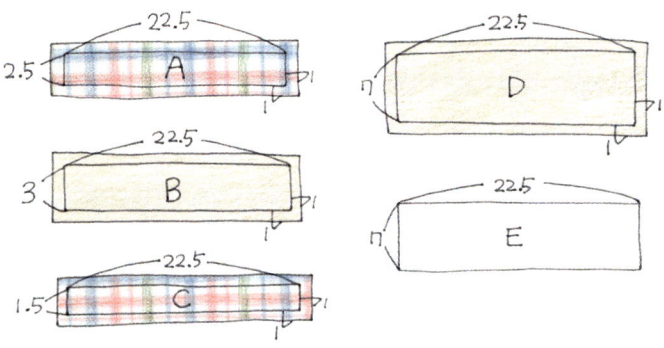

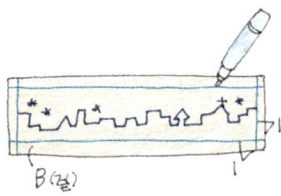

1 A, B, C, D-시접을 1cm 두고 재단한다.
    E-시접 없이 재단한다.

2 B의 겉면에 패브릭 수성펜으로 수놓을 공간을 표시한 후 도안을 그리고 수를 놓는다.

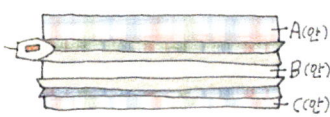

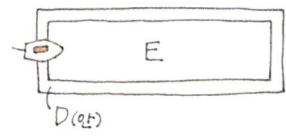

3 A, B, C의 가로를 연결하고 시접을 갈라 다린다.

4 D 안면에 다림질로 접착솜 E를 붙인다.

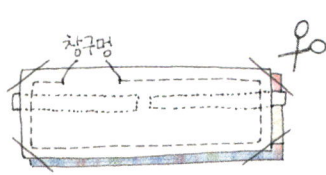

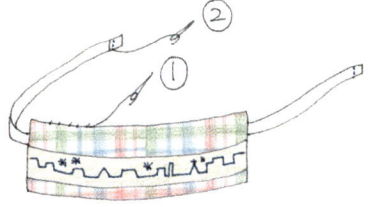

5 앞판과 뒤판의 겉면을 맞대고 그 사이에 그림처럼 면 테이프를 넣는다. 창구멍을 남기고 박은 후 모서리를 조금 잘라낸다.

6 ①창구멍으로 뒤집어서 모양을 다듬고 창구멍을 공그르기 한다.
②면 테이프의 끝을 말아박기 한다.

Tea mat

자수 도안: p.187

메리고라운드 티매트

허니문카가 하늘에 수직선을 그으며 돌아가고,
무지개를 닮은 별이 총총히 떠있는 곳은 메리고라운드.
빙수 그릇 아래 작은 공원 펼쳐놓고 달그락달그락,
소꿉놀이 하듯 나만의 메리고라운드를 만들어간다.

Kitchen

티매트 만들기 (28×18)

재료
앞판 : 체크 원단1-A(24×14cm)
　　　리넨-B(24×8cm)
　　　체크 원단2-C(8×20cm)
뒤판 : 리넨-D(30×20cm)

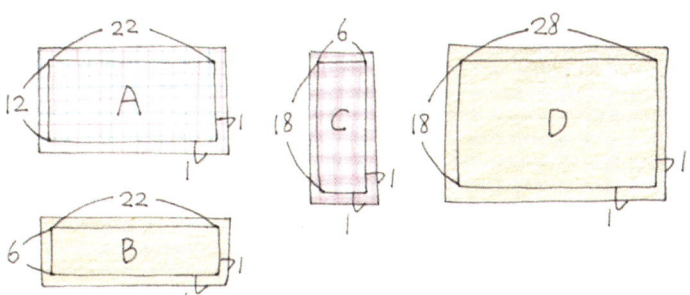

1 시접을 1cm 두고 재단한다.

2 B의 겉면에 패브릭 펜으로 그림을 그린 후 지워지지 않게 다린다.

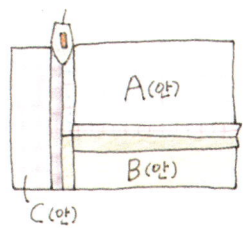
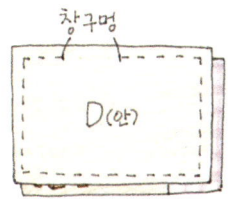

3 A, B, C를 그림처럼 연결한 후 시접을 갈라 다린다.

4 앞판과 뒤판의 겉면을 맞대어 창구멍을 남기고 박는다.

5 창구멍으로 뒤집어서 모양을 다듬고 창구멍을 공그르기 한다.

가을, 겨울용 티매트는 블랙와치로 만들었어요.

체크
슬리브

Sleeve

실물본: 부록 페이지, 자수 도안: p.192

Kitchen

겨울에는 일부러 손잡이가 없는 잔에 차를 마신다.
작은 티볼들은 금방 식어
두 손으로 감싸기까지 얼마 걸리지 않지만
큰 잔들은 그 시간이 꽤 오래 걸린다.
큰 잔에 체크무늬 목도리를 둘러주니
그것은 다시 나의 따뜻한 겨울장갑이 되어준다.

슬리브 만들기 (윗지름8×밑지름7×6)

재료
앞판 : 리넨-A(27×8cm)
뒤판 : 리넨-B(27×8cm)
부자재 : 2온스 접착솜(25×6cm)-C, 아플리케용 원단-D(3×4cm) 3장

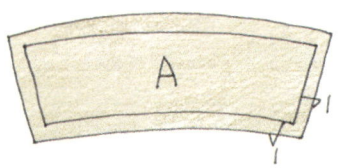 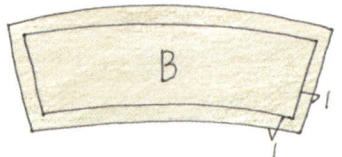 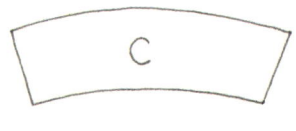

1. A, B-본을 대고 그린 후 시접을 1cm 두고 재단한다.
   C-본을 대고 그린 후 시접 없이 재단한다.
   D-본을 대고 그린 후 시접을 0.5cm 두고 3장 재단한다.

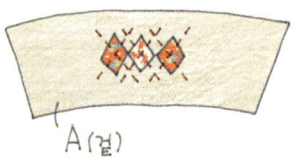 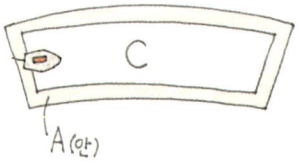 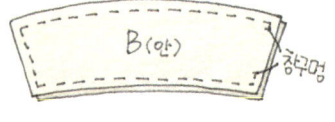

2. A의 겉면에 D를 아플리케 하고 수를 놓는다.*

3. A 안면에 다림질로 접착솜 C를 붙인다.

4. A와 B의 겉면을 맞대어 옆면에 창구멍을 남기고 박는다.

 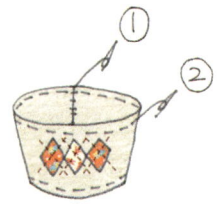

5. 창구멍으로 뒤집어서 모양을 다듬고 창구멍을 공그르기 한다.

6. ①동그랗게 말아서 옆면을 공그르기로 연결한다.
   ②위아래를 상침질한다.

🐎 해당화's tip

아플리케 할 모양이 사각형과 같은 직선일 경우에는
시침실을 당겨 다릴 필요 없이 바로 접어 다리면 편해요.

반짝반짝, 반짝이는 밤.
홍차 한 잔을 우리면,
은 스푼이 없어도 피어오르는
반짝이는 고흐의 하늘.
친애하는 고흐 아저씨와의 티타임은
언제나 반짝인다.

티코지 만들기 (28×19_고리 길이 제외)

재료
- 겉감 : 리넨-앞판 A, 뒤판 B(30×21cm)
- 안감 : 리넨-앞판 C, 뒤판 D(30×21cm)
- 부자재 : 4온스 접착솜-앞판 E, 뒤판 F(28×19cm), 면 테이프(5cm) 1개

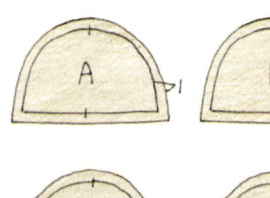
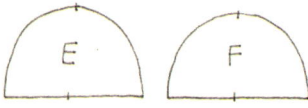

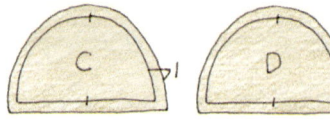

2 A의 겉면에 패브릭 수성펜으로 그림을 그리고 수를 놓는다.

1 A, B, C, D-본을 대고 그린 후 중심선을 표시하고 시접을 1cm 두어 재단한다.
E, F-본을 대고 그린 후 중심선을 표시하고 시접 없이 재단한다.

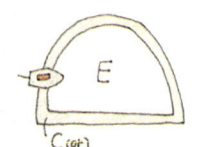
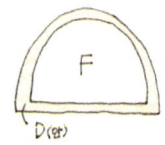
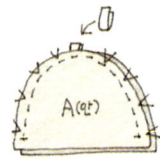
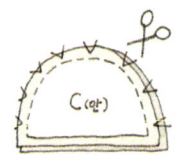

3 C와 D 안면에 다림질로 접착솜 E, F를 붙인다.

4 A와 B의 겉면을 맞대고 그 사이에 그림처럼 면 테이프를 반 접어 넣는다. 둥근 부분을 박고 가위집을 낸다. C와 D도 겉면을 맞대어 둥근 부분을 박고 가위집을 낸다.

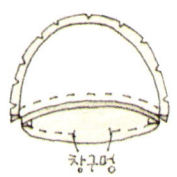

5 겉감과 안감을 겉면이 맞대게 끼워 넣는다. 창구멍을 남기고 입구를 박는다.

6 창구멍으로 뒤집어서 모양을 다듬고 창구멍을 공그르기 한다.

Kitchen

 해당화's tip

'차가 빛나는 밤에'를 수놓을 때 다양한 실을 사용했어요.
밤하늘은 레인보우실을 중간 중간 섞어 표현하였고
달과 별에는 금사를 수놓아 반짝반짝 빛나게 했답니다.

Teapot spout cover

꽃 한 송이 티포트주둥이커버

실물본: 부록 페이지

제일 좋아하는 티포트와
하루에도 몇 번씩 손이 가는 티포트는 일치하지 않는다.
그래서 제일 좋아하는 티포트의 주둥이에는 언제나 먼지가 쌓인다.
소심한 나는 절대 매일매일 손에 드는 대인배가 못 되기 때문에
작은 꼼수를 부려 꽃 한 송이를 얹어 주었다.
기가 막힌 생각이라고 스스로 칭찬도 아끼지 않는다.

티포트주둥이커버 만들기 (꽃잎 열린 부분 3.5×높이 3)

재료
겉감 : 체크 원단-꽃잎 A(3.5×4cm) 5장, 꽃중심 B(2.5×2.5cm)
안감 : 플라워 자수 원단-꽃잎 C(3.5×4cm) 5장, 꽃중심 D(2.5×2.5cm)

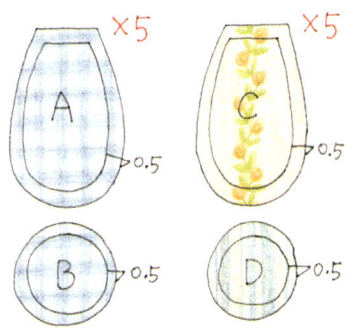
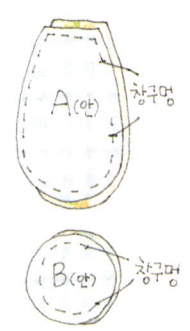
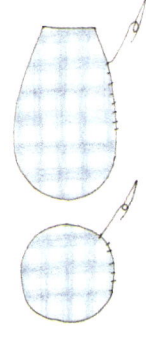

1 A, C- 본을 대고 그린 후 시접을 0.5cm 두고 5장씩 재단한다.
   B, D- 본을 대고 그린 후 시접을 0.5cm 두고 재단한다.

2 A와 C의 겉면을 맞대어 창구멍을 남기고 박는다. 같은 방법으로 꽃잎을 5장 만든다. B와 D도 겉면을 맞대어 창구멍을 남기고 박는다.

3 창구멍으로 뒤집어서 모양을 다듬고 창구멍을 공그르기 한다.

4 꽃중심과 꽃잎들을 공그르기로 연결한다.

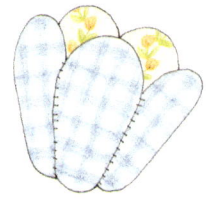

5 꽃잎들을 오므려 옆면을 공그르기로 연결한다.

마음씨 좋은 보자기

Cloth

무엇을 담아도 제 몸이 끌어안을 수 있는 것은
두 팔을 모아 힘껏 안는 모양새가
누군가의 마음을 닮았다.
보자기가 감싸 안은 것은 도시락이나 갓 담은 김치,
냄비째 든 사골국만은 아닐 것이다.
그래서 손에 들려진 보자기 속은 무엇이 들어 있든 따뜻할 것이다.

 ## 보자기 만들기 (60×60)

재료
겉감 : 블랙와치 원단-A(62×62cm)
안감 : 펀칭 자수 원단-B(60×60cm)
부자재 : 레이스(20cm) 1개

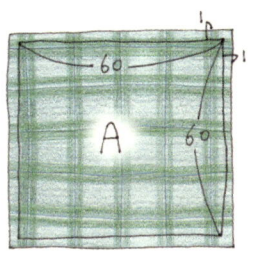 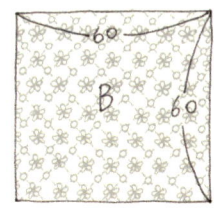 

1 A-시접을 1cm 두고 재단한다.
   B-시접 없이 재단한다.

2 A의 겉면 한쪽 모서리에 레이스를 단다.

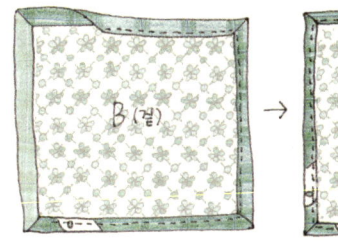 

3 A와 B의 안면을 맞대고 A로 B를 감싸며 말아박기 한다.

 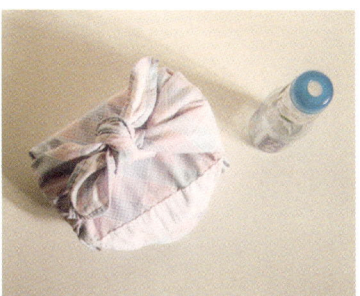

Kitchen

🐴 해당화's tip

보자기는 도시락이나 물병을 싸는 데 사용해도 좋고,
소중한 사람에게 선물을 할 때에
포장지 대신 사용해도 좋은 아이템이에요.
봄소풍을 나갈 때 쓸 보자기는 화사하고 귀여운 느낌의 천으로,
선물할 때 쓸 보자기는 내추럴한 컬러의 천으로 만들어보세요.
보자기에 어울릴 만한 라벨을 달아도 정말 예쁠 거예요.

실물본: 부록 페이지, 자수 도안: p.194

Kitchen

엄마한테는 작고, 내 손에만 딱 맞는 주방장갑을 만들고서
절대 델 리 없는 물주전자를 만질 때에도 아차차! 장갑을 껴야지!
작은 곰 두 마리 장갑으로 손을 넣는다.
내친김에 내 손에 맞는 고무장갑도 있을까
생각해보지만 애써 찾으려고 하진 않는다.
아무리 손에 꼭 맞는 고무장갑이 있어도
설거지를 부러 하지는 않을 것 같아서다.

내추럴 리넨은
바닐라 곰,
브라운 리넨은
초콜릿 곰.

주방장갑 만들기(11.5×14.5_자신의 손에 맞게 본을 확대복사해서 사용하세요.)

재료
겉감 : 리넨-앞판 A(14×17cm), 뒤판 B(14×14cm), 곰의 귀 J(4×3cm) 4장, 고리 K(2×8cm)
      체크 리넨-가운데판 C(14×17cm)
안감 : 체크 원단-앞판 D(14×17cm), 뒤판 E(14×14cm), 가운데판 F(14×17cm)
부자재 : 7온스 솜-앞판 G(14×16cm), 뒤판 H(14×13cm), 가운데판 I(14×17cm), 아플리케용 원단-곰의 코 L(5.5×4cm)

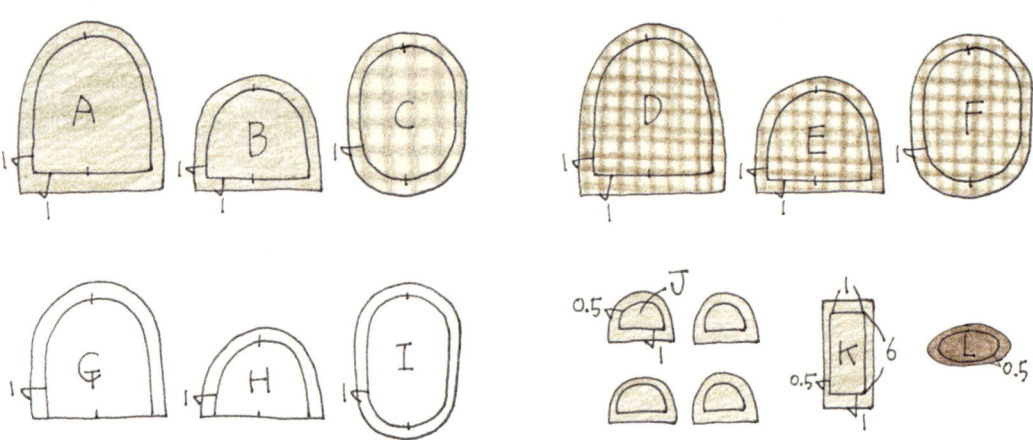

1 A, B, C, D, E, F, I-본을 대고 그린 후 중심선을 표시하고 시접을 1cm 두어 재단한다.
   G, H-본을 대고 그린 후 중심선을 표시하고 둥근 부분만 시접을 1cm 두어 재단한다.
   J-본을 대고 그린 후 시접을 아래는 1cm, 둥근 부분은 0.5cm 두고 4장 재단한다.
   K-시접을 위아래는 1cm, 양옆은 0.5cm 두고 재단한다.
   L-본을 대고 그린 후 시접을 0.5cm 두고 재단한다.

2 A의 겉면에 L을 아플리케 한 후 수를 놓는다.

3 J를 2장씩 겉면을 맞대고 둥근 부분을 박은 후 뒤집는다. K는 옆 시접을 접어 옆면을 공그르기 한다.

Kitchen

4 A와 B의 겉면을 맞대고 양 옆면을 6cm 박는다. D와 E는 겉면을 맞댄 후 그림처럼 솜 G, H를 놓고 솜과 함께 양 옆면을 6cm 박는다.

5 B를 접어 내리고 A의 겉면에 곰의 귀 J를 배치한 후 C 겉면을 맞댄다. 빨간색으로 표시한 부분은 C와 A를 박고 파란색으로 표시한 부분은 C와 B를 박는다.
안감도 E를 접어 내리고 F의 겉면과 맞댄다.
F 위에 솜 I를 놓는다. 겉감과 같은 방법으로 빨간색으로 표시한 부분은 F와 D를 박고 파란색으로 표시한 부분은 F와 E를 박는다.
모든 솜의 시접은 박음질선 가까이 잘라낸다.

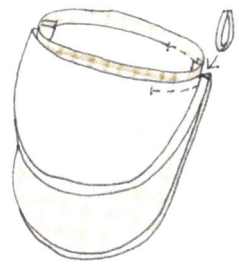

6 겉감과 안감을 겉면이 맞대게 끼워 넣고 그 사이에 K를 접어 넣어 창구멍을 남기고 입구를 박는다.

7 ①창구멍으로 뒤집어서 모양을 다듬고 창구멍을 공그르기 한다.
②솜을 정리해서 입구를 상침질한다.*

 해당화's tip

· 아랫부분은 솜과 원단을 연결하지 않았기 때문에 창구멍으로 뒤집은 후에 정리가 필요해요.

· 솜을 쓰지 않고 누빔원단을 사용해도 좋아요.

자수 도안: p.186

농담처럼 하는 말이지만 수는 시간을 잡아먹는다.
두 시간이면 되겠지 했던 크로스스티치가 삼일이 걸렸을 때는 누군가 시간 장난을 하는 걸까 싶기도 했다.
수를 놓는 시간을 오롯이 즐기려, 좋아하는 라디오 주파수를 적어놓고 가사 없는 노래들을 가득 준비하기도 한다.
몇 잔의 달콤한 차는 필수이다.
수는 시간을 잡아먹지만 말을 바꾸면 리넨 위에 나의 시간이 고스란히 녹아든 것이다.

키친클로스 만들기 (46×46)

재료
앞판 : 체크 리넨-A(48×48cm)
뒤판 : 체크 리넨-B(48×48cm)
부자재 : 면 테이프(16cm) 1개

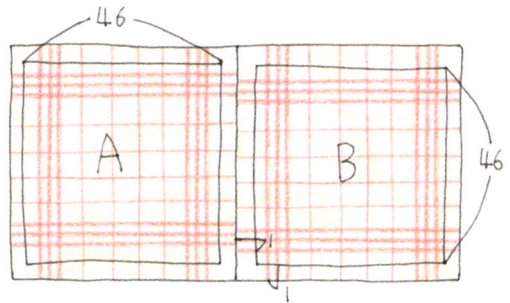

1 시접을 1cm 두고 재단한다.

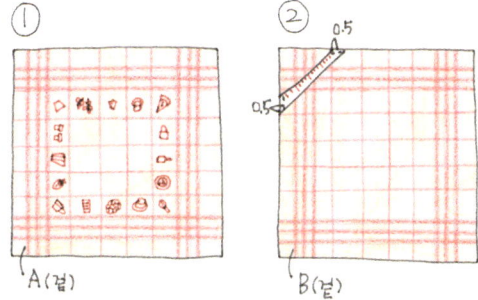

2 ①A의 겉면에 수를 놓는다.
  ②B 겉면의 시접 안쪽으로 0.5cm 되는 곳에 면 테이프를 임시로 고정한다.

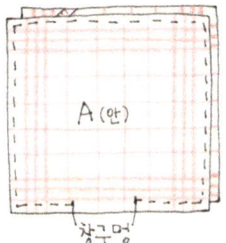

3 A와 B의 겉면을 맞대어 창구멍을 남기고 박는다.

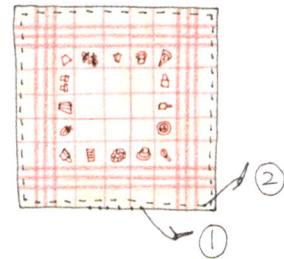

4 ①창구멍으로 뒤집어서 모양을 다듬고 창구멍을 공그르기 한다.
  ②네 면을 상침질한다.

Coffee mix case

자수 도안: p.192

우리 집 커피틴,
커피믹스통

Kitchen

눈 가리고 아웅, 보이지 않는 곳에 보기 싫은 것들을 감추어 두기.
홍차야 색색의 고운 틴에 들어있어 다 마시고서도 장식을 하지만
일회용 커피믹스들은 그 통들도 속의 것을 닮아 모두 일회용이다.
작은 잼통 모양의 커다란 커피틴 만들어
그 속에 커피믹스들을 넣고 뚜껑을 꼭 닫고 흐뭇하게 바라본다.
장롱 안에 모두 넣어두고 청소 다 했다! 하는 마음으로.

커피믹스통 만들기 (지름16×18.5)

재료
겉감 : 리넨-몸통 옆판 A(49.1×19cm), 몸통 밑판 B(17×17cm), 몸통 입구 C(49.1×5cm)
체크 원단-뚜껑 옆판 D(52.24×5cm), 뚜껑 밑판 E(18×18cm)
안감: 리넨-몸통 옆판 F(49.1×19cm), 몸통 밑판 G(17×17cm)
체크 원단-뚜껑 옆판 H(52.24×5cm), 뚜껑 밑판 I(18×18cm)
부자재: 접착심지(겉감용)-몸통 옆판 J(47.1×18cm), 뚜껑 옆판 K(50.24×3cm)
플라스틱(밑판용)-몸통 밑판 L(15×15cm), 뚜껑 밑판 M(16×16cm)
4온스 솜(안감용)-몸통 옆판 N(47.1×18cm), 뚜껑 옆판 O(50.24×3cm), 몸통 밑판 P(15×15cm), 뚜껑 밑판 Q(16×16cm),
면 테이프(11×4cm) 1개

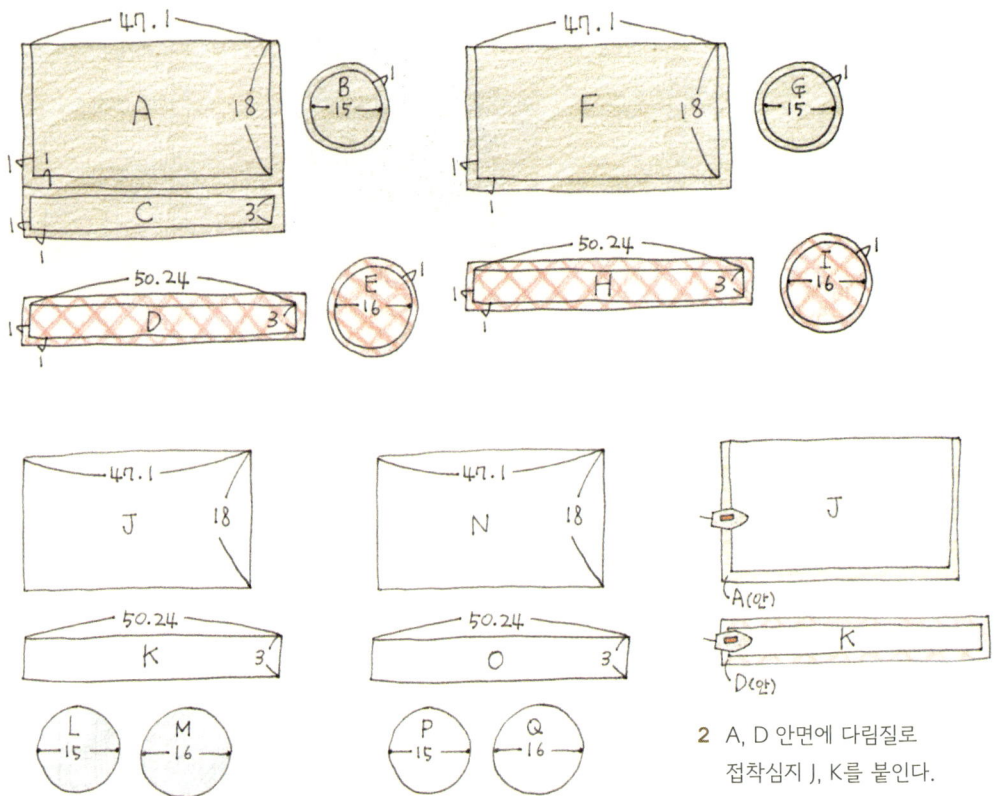

1 A, F-양옆과 아래만 시접을 1cm 두고 재단한다.
B, C, D, E, G, H, I-시접을 1cm 두고 재단한다.
J, K, L, M, N, O, P, Q-시접 없이 재단한다.*

2 A, D 안면에 다림질로 접착심지 J, K를 붙인다.

  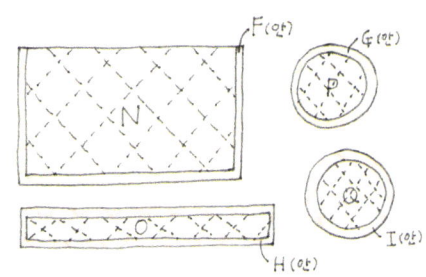

3 C의 네 시접을 접어 다린 후 다시 반으로 접어 다린다.

4 면 테이프에 수를 놓은 후 양옆을 접어 A의 겉면에 단다. 모서리에 수를 놓는다.

5 F, G, H, I 안면에 솜 N, P, O, Q를 누빈다.

 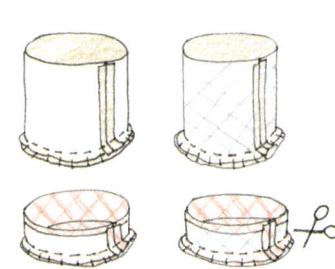 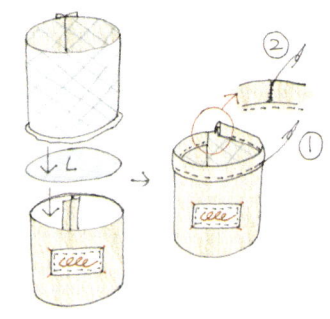

6 A, F와 D, H의 옆면을 각각 연결한 후 시접을 갈라 다린다. 시접 정리 할 때 솜이 다리미에 눋지 않도록 조심한다.

7 A와 B, F와 G, D와 E, H와 I를 각각 연결한 후 가위집을 낸다.

8 몸통의 겉감은 겉면이 보이게 뒤집어 안에 플라스틱 L을 깔고 안감을 안면끼리 맞게 끼워 넣는다.
①몸통의 윗면을 C로 감싸서 둘러박아 겉감과 안감을 연결한다.
②C의 옆면은 공그르기로 마무리한다.

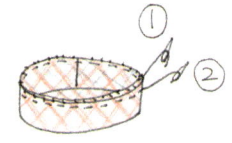

9 뚜껑 겉감은 겉면이 보이게 뒤집은 후 위 시접을 안으로 접는다. 뚜껑 안감은 위 시접을 밖으로 접는다. 뚜껑의 겉감 안에 플라스틱 M을 깔고 안감을 안면끼리 맞게 끼워 넣는다.
①공그르기로 겉감과 안감을 연결한다.
②상침질로 마무리한다.

 해당화's tip

안감에 4온스 솜을 붙이고 겉감에 집어넣으면 잘 안 들어갈 것 같지만, 누빔을 하면 원단의 크기가 조금 줄어들기 때문에 겉감과 안감 원단은 같은 사이즈로 했어요.

실물본: 부록 페이지, 자수 도안: p.188

여름정원 커피필터케이스

꽃을 키우는 데는 소질이 없어 내 손이 탄 화분은 언제나 생사를 다툰다.
꽃꽂이에도 소질이 없어 내 키만큼 잘둑하게 잘라
작은 유리병에 담는 것이 전부인데
그래도 꽃이 좋아 리넨 위에 꽃수를 놓는다.
고맙게도 내 손이 머문 만큼 군락을 이루어 작은 정원이 된다.

Kitchen

 # 커피필터케이스 만들기 (15×9×5)

재료
겉감 : 리넨-앞판 A, 뒤판 B(16.5×11cm), 옆판 C, E(10×7cm), 밑판 D(8×7cm)
안감 : 플라워 리넨-앞판 F, 뒤판 G(16.5×11cm), 옆판 H, J(10×7cm), 밑판 I(8×7cm)
부자재 : 2온스 접착솜-앞판 K, 뒤판 L(14.5×9cm), 옆판 M, O(8×5cm), 밑판 N(6×5cm)
레이스(18cm) 2개, 단추(지름 1cm 내외의 꽃 모양) 3개

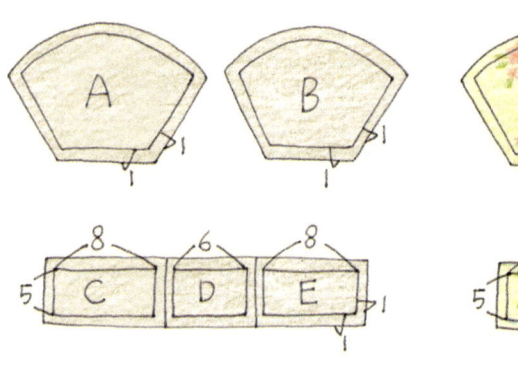

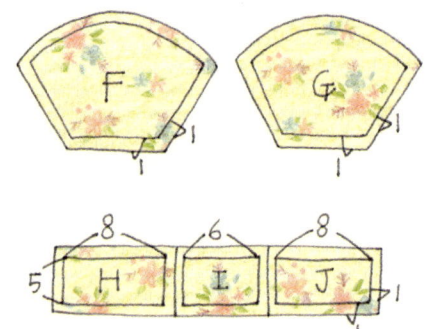

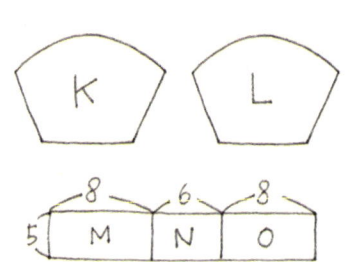

1 A, B, F, G-본을 대고 그린 후 시접을 1cm 두고 재단한다.
C, D, E, H, I, J-시접을 1cm 두고 재단한다.
K, L-본을 대고 그린 후 시접 없이 재단한다.
M, N, O-시접 없이 재단한다.

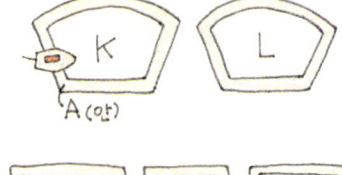

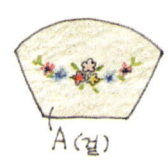

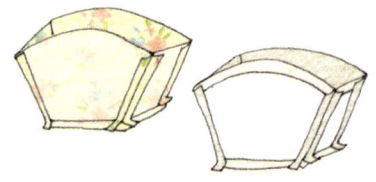

2 A, B, C, D, E 안면에 다림질로 접착솜 K, L, M, N, O를 붙인다.

3 A의 겉면에 수를 놓고 단추를 단다.

4 겉감 A, B, C, D, E를 연결하고 안감 F, G, H, I, J도 연결한다.

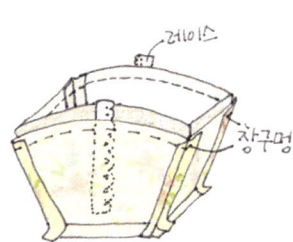
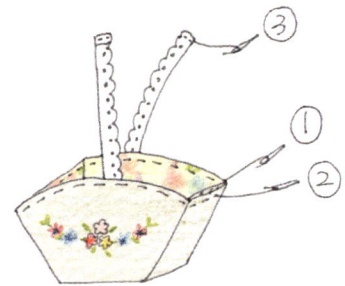

5 겉감과 안감의 겉면이 맞대게 끼워 넣는다.
겉감과 안감 사이에 그림처럼 레이스를 넣어
창구멍을 남기고 박는다.

6 ①창구멍으로 뒤집어서 모양을 다듬고
창구멍을 공그르기 한다.
②입구를 상침질한다.
③레이스의 끝을 말아박기 한다.

 해당화's tip

커피필터는 종류마다 모양과 사이즈가 다르니
자신이 주로 쓰는 커피필터케이스
사이즈에 맞게 만들어야 해요.

Kitchen

나의 상상 속 부엌에는 설탕처럼 하얀 앞치마가 있다.
따뜻하고 달콤하고 든든한 요리의 시작과 끝은 언제나 하얀색 앞치마였으면 한다.
채소를 손질하기 전 앞치마를 두르고 리본을 묶는 것을 시작으로
앞치마 치맛단에 물기를 쓱쓱 닦는 마지막까지.
군더더기 없는 하얀 광목에 푹푹 삶아도 지지 않는 얼룩이 져도 좋겠다.
과일물이 들어도 혼자만 덩그러니 눈에 띄지 말라고
작은 여름꽃무늬 천도 둘러보고 여린 연보랏빛 체크천으로 주머니도 달아본다.

앞치마 만들기(허리폭73, 기장48_끈 길이 제외, 레이스 포함)

재료
겉감 : 워싱 광목-치마 A(102×45cm)
　　　 플라워 원단-허리끈 B(178×12cm)
　　　 체크 원단-주머니 C(14×17cm)
부자재 : 레이스(치마 밑단 레이스 102×4cm 1개, 주머니 레이스 14×4cm 1개)

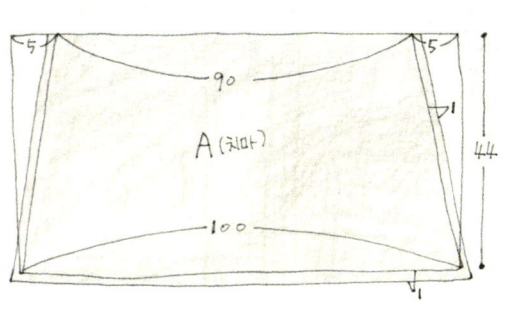
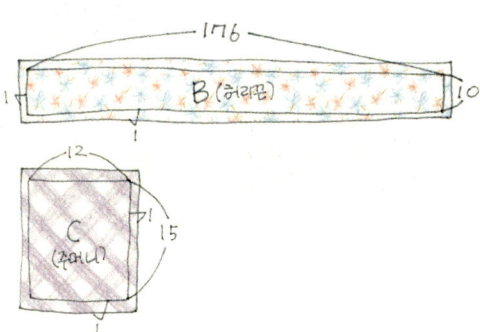

1 A-옆과 아래만 시접을 1cm 두고 재단한다.
　 B, C-시접을 1cm 두고 재단한다.

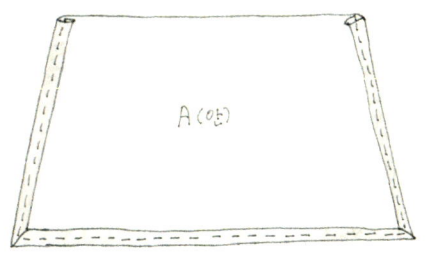
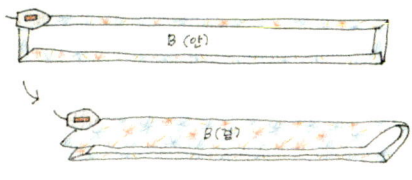

2 A의 양옆, 아래 시접을 말아박기 한다.

3 B의 네 면의 시접을 접어 다린 후
　 반으로 접어 다시 다린다.

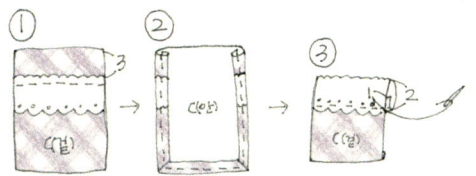

4 ①C 겉면에 위에서 3cm 내려와 레이스를 단다.
　 ②양옆, 아래 시접을 말아박기 한다.
　 ③위 시접을 1cm 접고 다시 2cm를 접어 말아박기 한다.

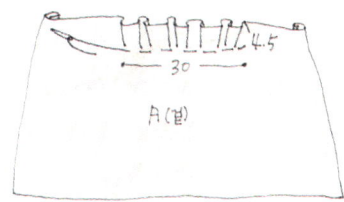

5 A 겉면의 위에서 4.5cm 내려온 곳에 30cm 길이로 시침질한 후 실을 잡아당겨 주름을 잡고 매듭짓는다.

6 주머니 위치를 잡아 세 면을 박는다. 레이스는 양 끝을 말아박기 한 후 앞치마의 밑에 단다.

주머니에는 작은 주방 소품을 넣어 선물해요.

7 앞치마의 윗면을 허리끈으로 감싸고 네 면을 상침질한다.

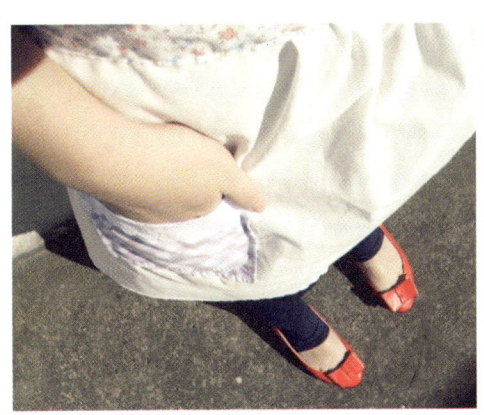

Apron

소녀 앞치마

실물본: 부록 페이지, 자수 도안: p.189

까만 양 갈래 머리에 빨간 리본, 하얀 얼굴, 목소리가 고운 다이애나 베리.
그녀의 병아리색 원피스에 곱게 묶여 있는 러플러플 레이스 앞치마.
작은 크기의 나의 작은 앞치마는 조잘조잘 가만있질 못하는 앤의 허리에 둘러주고
소녀 앞치마는 앤의 이야기에 까르르 웃음 짓는 사랑스러운 그녀에게 둘러주고 싶다.

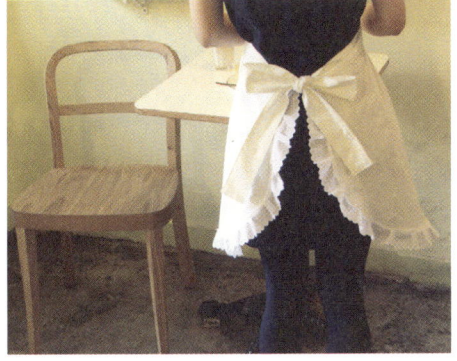

앞치마 만들기 (가슴폭27.5, 허리폭74, 기장83_끈 길이 제외, 레이스 포함)

재료
겉감 : 워싱 광목-치마 A(102×47cm), 몸판 B(27×32cm), 허리끈 C(192×12cm),
어깨끈 D(102×10cm) 2장, 주머니 E(14×16cm) 2장
부자재 : 레이스(치마 밑단 레이스 180 이상×4cm 1개, 몸판 레이스 27×4cm 1개), 단추(지름 1cm 내외의 다양한 모양) 18개

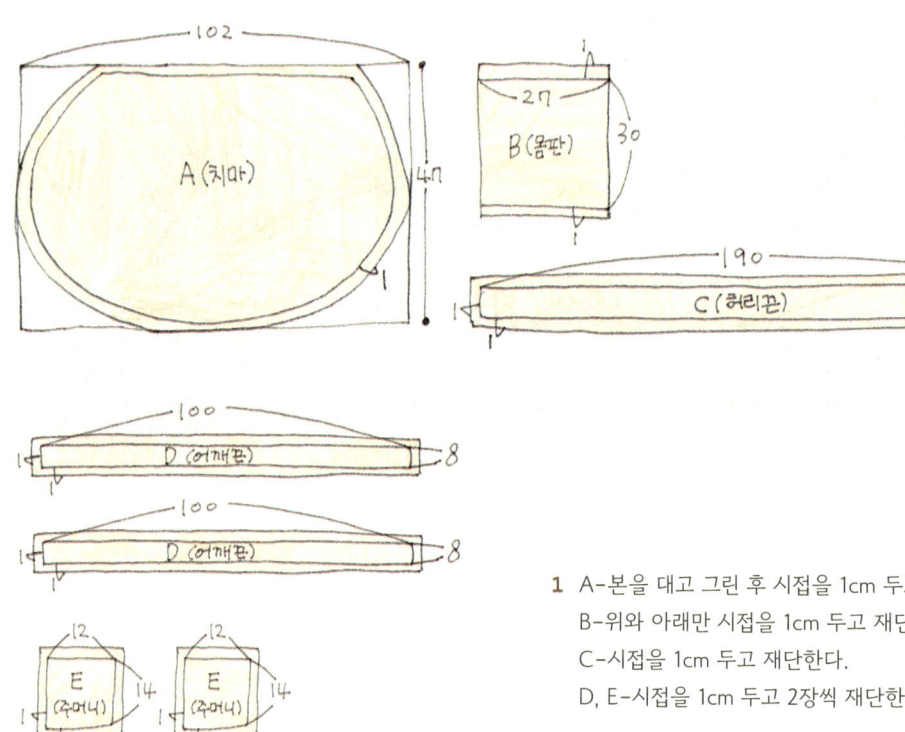

1 A-본을 대고 그린 후 시접을 1cm 두고 재단한다.
B-위와 아래만 시접을 1cm 두고 재단한다.
C-시접을 1cm 두고 재단한다.
D, E-시접을 1cm 두고 2장씩 재단한다.

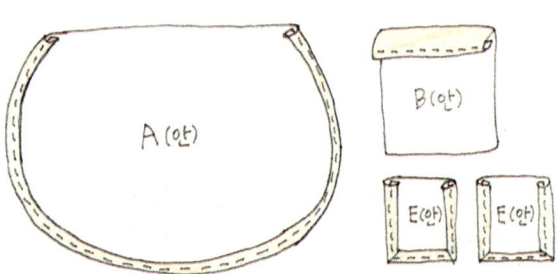

2 A는 둥근 부분, B는 위 시접, E는 양옆, 아래 시접을 말아박기 한다.

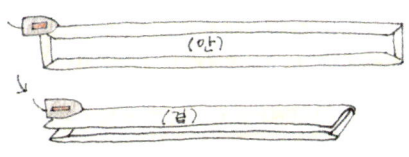 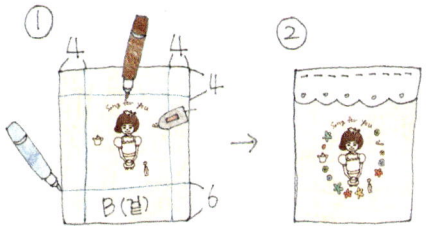

3 C와 D의 네 면의 시접을 접어 다린 후 반으로 접어 다시 다린다.

4 ①B의 겉면에 패브릭 수성펜으로 레이스, 어깨끈, 허리끈이 들어갈 위치를 표시하고 도안을 그린 후 패브릭 펜으로 그리고 지워지지 않게 다린다.
②단추와 레이스를 단다.*

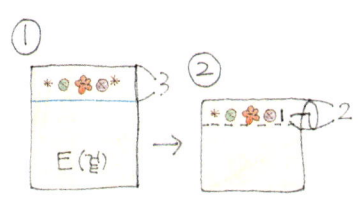 

5 ①E 겉면의 위에서 3cm에 패브릭 펜으로 그림을 그린 후 다리고 단추를 단다.
②위 시접을 1cm 접고 다시 2cm를 접어 말아박기 한다.

6 B에 D를 감싸고 위와 옆 세 면을 박는다.*

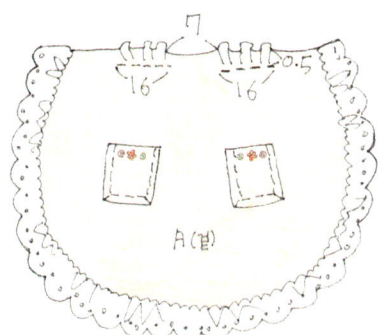

7 A 겉면의 위에서 0.5cm 내려온 곳에 16cm 길이로 두 군데 시침질한 후 실을 잡아당겨 주름을 잡고 매듭짓는다. 주머니는 위치를 잡아 세 면을 박아 달고 앞치마 가장자리에 레이스를 주름지어 단다.

 앞치마 만들기

8 몸판과 치마의 안면을 맞대고 치마의 주름을 정리하며 몸판과 치마를 연결한다.

9 ①C로 몸판과 치마를 이은 시접을 감싼다.
②감싼 허리끈을 몸판 쪽으로 붙여서 몸판과 함께 허리끈의 네 면을 상침질하고,
빨간색으로 표시한 부분도 상침질한다.

Kitchen

🐴 해당화's tip

· 과정 **4**에서 주근깨와 팔꿈치를 그리고
  면봉에 물을 조금 묻혀 두드려주면 붉게 물든 효과가 나요.
  단추를 달 때에는 번거롭더라도 단추마다 매듭을 지어야
  나중에 단추 하나가 떨어져도 다른 단추가 떨어지지 않는답니다.

· 과정 **6**에서 어깨끈 대신 넓은 레이스를 사용해도 좋아요.
  아마 더 사랑스러운 소녀 앞치마가 될 거예요.

· 앞치마를 삶는 것이 귀찮다면
  방수 원단으로 만드는 것도 하나의 방법이에요.

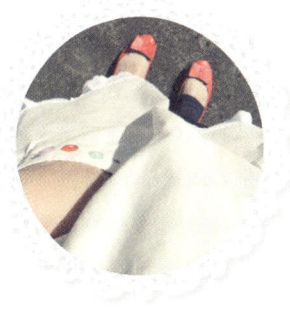

햇살 가득한 날을 위한 피크닉 용품

Picnic

타인을 위한 손수건
쥬뗌므 피크닉매트
피크닉데이 미니가방
좋은 날씨 도시락주머니
파리 내 사랑 물병주머니
보통날의 카메라파우치
마린 크로스가방

Handkerchief

대학교 입학을 앞둔 새내기 여학생들은

화장품을 준비하고 뾰족 구두로 걷는 법을 연습하고 머리에 고운 웨이브를 넣는다.

그리고 나는 그 시절 무엇 때문인지는 몰라도 고운 손수건을 준비해야 해! 라며

수입 잡화점에서 마음에 드는 손수건을 구입했었다.

손에 물기를 닦거나 입술에 음식이 묻을 때에 꺼내려던 손수건을

가방 속에서 꺼내는 일은 정말 드물다는 것을 손수건을 넣고 다닌 지 한참이 지나서야 알게 되었다.

그보다 손수건은 다른 사람이 감기에 걸렸거나 땀을 흘리거나 눈물을 보일 때 꺼내게 된다는 것도 알게 되었다.

그래서 손수건은 다 고운 것인지도 모른다.

손수건 만들기 (50×50_레이스 포함)

재료
겉감 : 펀칭 자수 원단-A(45×45cm)
부자재 : 레이스(180cm 이상) 1개

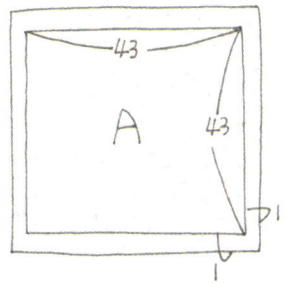

1 시접을 1cm 두고 재단한다.

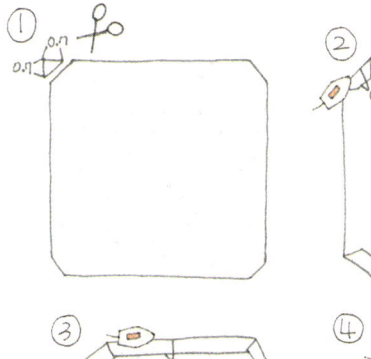
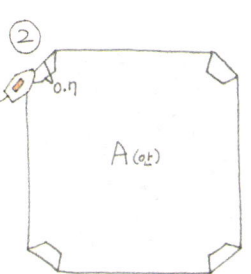
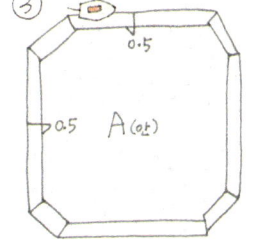
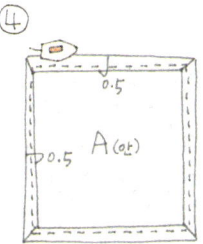

2 가장자리를 말아박기 한다.
 ①모서리 시접을 가로 세로 0.7cm 자른다.
 ②자른 시접을 0.7cm 접어 다린다.
 ③위, 아래, 양옆 시접을 0.5cm 접어 다린다.
 ④다시 위, 아래, 양옆 시접을 0.5cm 접어 다린 후 박으면 모서리가 깔끔한 말아박기가 된다.

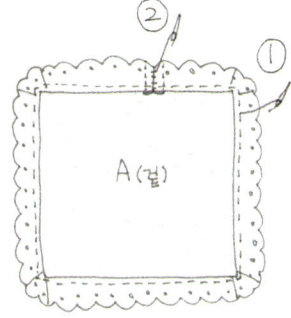

3 ①손수건의 겉면에 레이스를 돌려 단다.
 처음과 마지막 시접은 말아 접는다.
 ②레이스가 시작되는 양옆을 공그르기 하고 말아 접은 부분도 박는다.

눈이 덮이지 않은 곳이라면 피크닉매트는 메리 포핀스의 우산처럼
꽃잎 떨어지는 잔디밭 위로, 여름 그늘 속으로, 단풍 카펫으로 데려다 준다.
분홍 체크 피크닉매트를 쓰다가 샌드위치를 떨어뜨려도
홍차를 마시다가 흘려도 쓱쓱 닦아내려고
앞뒤 모두 라미네이트 원단으로도 만들어본다.
바닷물 뚝뚝 흘려도 걱정 없을 라미네이트 피크닉매트는
아마 휴가철 해변가로도 데려다 줄 것이다.

 피크닉매트 만들기(133×105)

재료
앞판 : 체크 라미네이트 원단-A(135×107cm)
뒤판 : 리넨 라미네이트 원단-B(135×107cm)
부자재 : 가죽라벨 1개

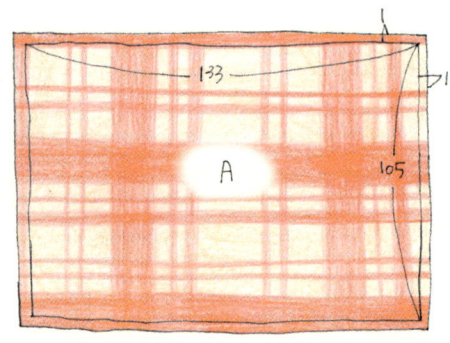 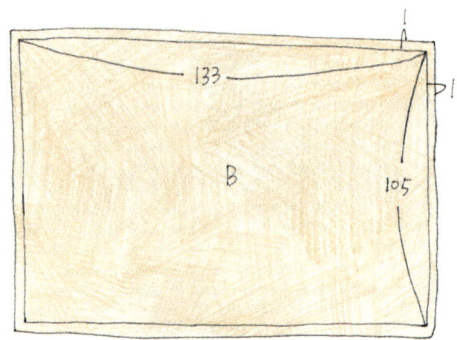

1 시접을 1cm 두고 재단한다.

 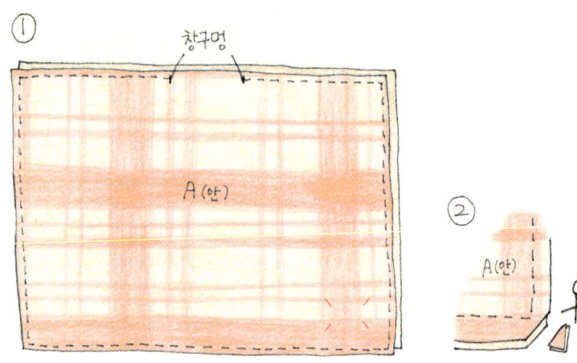

2 A의 겉면에 가죽라벨을 단다.

3 ①A와 B의 겉면을 맞대어 창구멍을 남기고 박는다.
②모서리를 조금 자른다.

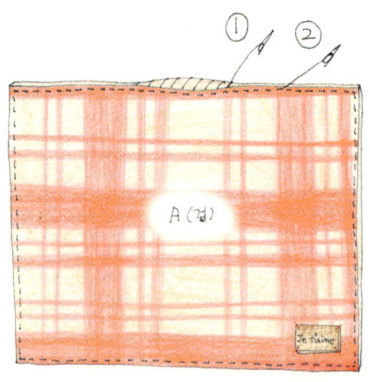

4 ①창구멍으로 뒤집어서 모양을 다듬고 창구멍을 공그르기 한다.
②네 면을 상침질한다.

Picnic

 해당화's tip

앞판은 꼭 라미네이트 원단이 아니어도 돼요.
집에 있는 은박 돗자리 위에 예쁜 체크천을 덧대면
멋진 리폼 피크닉매트가 될 거예요.

Mini bag

자수 도안: p.193

피크닉데이 미니가방

피크닉을 가는 두 손에는 작은 점심 도시락과 따뜻한 홍차,
피크닉매트와 함께 설렘도 쥐어져 있다.
여행 가방을 든 사람처럼 가벼운 허밍도 따라온다.
멜로디에 발맞추어 걸을 때마다 두 손에 들려진 것들도
제각기 곡선을 그리며 내 노래를 따라 부른다.

Picnic

 **미니가방 만들기**(29×18.5×7_끈 길이 제외)

재료 : 겉감 : 도트 원단-앞판 A, 뒤판 B(31×13.5cm), 옆판 C, D(9×13.5cm)
　　　　리넨-앞판 E, 뒤판 F(31×9cm), 옆판 G, H(9×9cm), 밑판 I(31×9cm)
　　안감 : 체크 원단-앞판 J, 뒤판 K(31×20.5cm), 옆판 L, M(9×20.5cm), 밑판 N(31×9cm)
　　부자재 : 접착심지-O(29×7cm), 아플리케용 원단-P(5×4cm),
　　　　　　단추(지름 1cm 내외의 다양한 모양) 4개, 면 테이프(16.5cm) 2개, 가죽끈(30cm) 2개, 리벳 4쌍

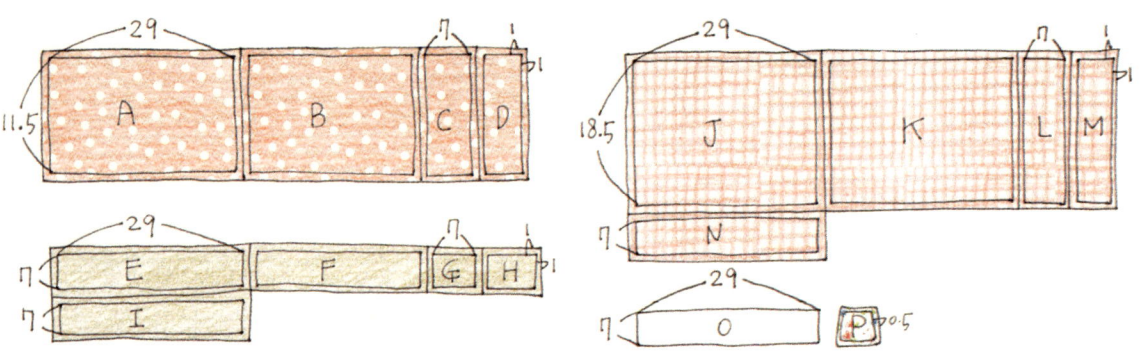

1 A~N-시접을 1cm 두고 재단한다.
　O-시접 없이 재단한다.
　P-본을 대고 그린 후 시접을 0.5cm 두고 재단한다.

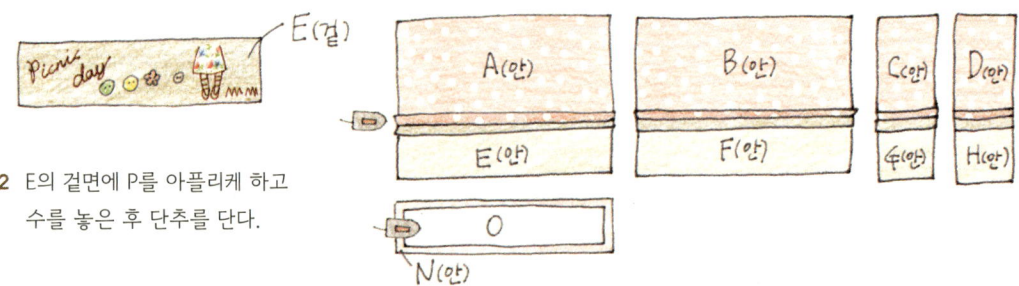

2 E의 겉면에 P를 아플리케 하고
　수를 놓은 후 단추를 단다.

3 A와 E, B와 F, C와 G, D와 H의 가로를 연결한 후
　시접을 갈라 다린다. N 안면에 접착심지 O를 붙인다.

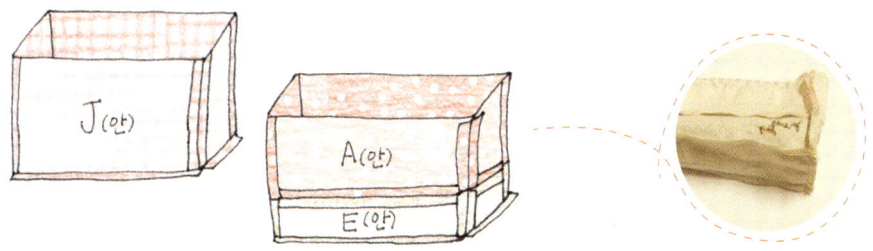

4 3에서 연결한 겉감과 I를 연결한다.
안감 J, K, L, M, N도 연결한다.

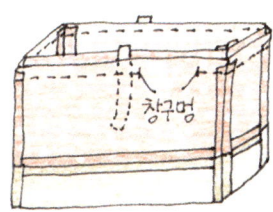

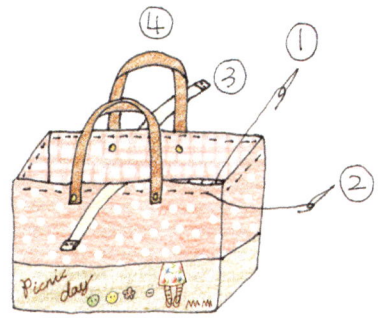

5 겉감과 안감의 겉면이 맞대게 끼워 넣는다.
그림처럼 겉감과 안감 사이로
면 테이프를 넣고
창구멍을 넉넉하게 남기고 박는다.

6 ①창구멍으로 뒤집어서 모양을 다듬고
창구멍을 공그르기 한다.
②윗면을 상침질한다.
③면 테이프의 끝을 말아박기 한다.
④리벳을 이용해 가죽끈을 단다.*

 해당화's tip 리벳은 암, 수가 한 쌍이며 리벳 다는 도구를 사용해요.

세트로 만든
티매트

좋은 날씨
도시락주머니

자수 도안: 부록 페이지

Lunch bag

유치원을 다닐 적에 나는 지금의 나보다 더 까탈스러운 사람이었다.
엄마는 나름 딸아이의 취향을 고려하여 이것저것 골라준 것에
여섯 살의 나는 엄마, 고맙습니다! 하고 넙죽 받았던 적이 손에 꼽을 정도였는데
그 중 가장 나를 속상하게 했던 것이 도시락 주머니와 도장이었다.
하얗게 누빈 천에 우주선과 행성들이 그려져 있던 도시락 주머니와
노란색 줄무늬 도장이 창피할 정도로 마음에 들지 않아서
점심을 먹을 때와 유치원 수첩에 도장을 찍을 때 한 번씩 시무룩했던 기억이 난다.
엄마, 그때 내가 원했던 도시락 주머니는 이런 모양이었단 말이야, 하고 말하니
엄마는 기억에도 없다고 한다.

도시락주머니 만들기 (20×10.5×16_묶는 부분 제외)

재료
겉감 : 리넨-주머니 앞판 A, 주머니 뒤판 B(37×20cm)
　　　체크 원단-보자기 C, D((42×42cm)÷2)
안감 : 체크 리넨-주머니 앞판 E, 주머니 뒤판 F(37×20cm)
부자재 : 아플리케용 원단-G(4×4cm), 레이스(6cm) 1개, 단추(지름 1cm 내외의 다양한 모양) 4개

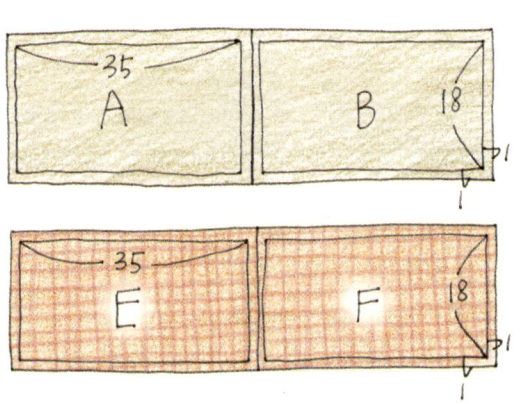
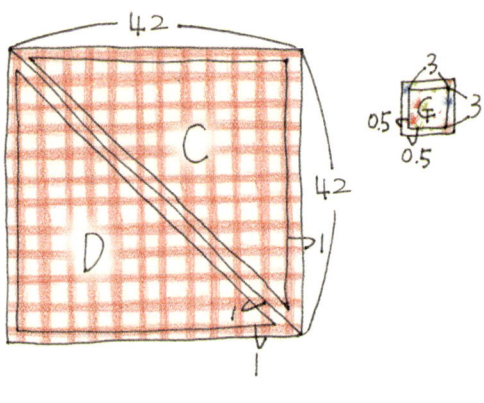

1 기본원단 A, B, C, D, E, F -시접을 1cm 두고 재단한다.
　　G-시접을 0.5cm 두고 재단한다.

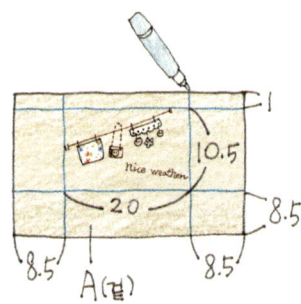
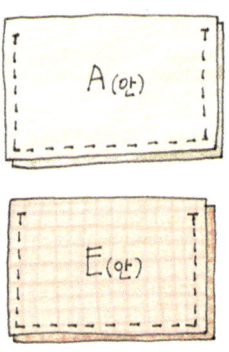

2 A의 겉면에 패브릭 수성펜으로
20×10.5cm의 장식할 공간을 표시한다.
도안을 그려 아플리케 하고
레이스는 양옆을 접어 붙인 후
수를 놓고 단추를 단다.

3 A와 B의 겉면을 맞대고 세 면을 박는다.
E와 F도 겉면을 맞대고 세 면을 박는다.

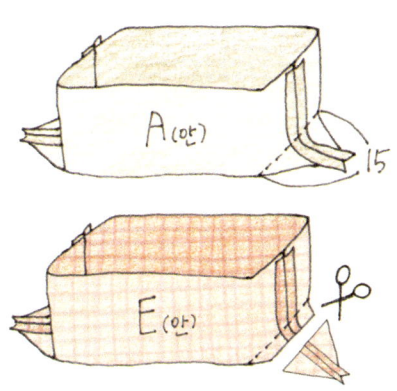
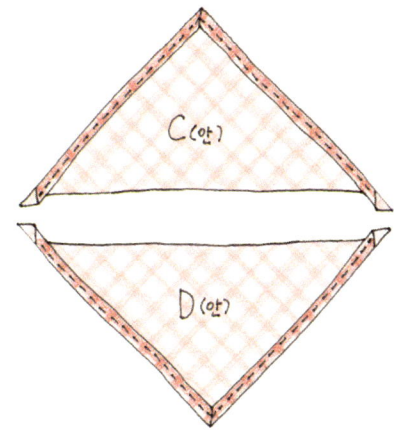

4 겉감과 안감의 모서리를 접어 바닥면을 만들고
옆면이 15cm가 되게 박은 후 모서리 부분을 잘라낸다.

5 C와 D의 두 면을 말아박기 한다.

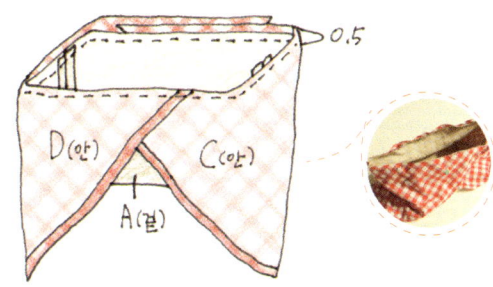
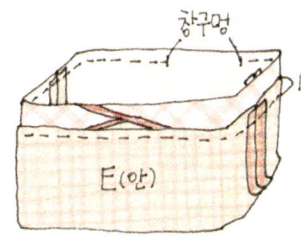

6 겉감 주머니를 뒤집어 겉면이 나오도록 한 후
C와 D를 겹쳐서 겉감 주머니와 겉면을 맞대고
위에서 0.5cm 내려온 곳을 박는다.

7 안감 주머니 속에 겉감 주머니를
겉면이 맞대도록 끼워 넣어 창구멍을 남기고
입구를 박는다.

8 창구멍으로 뒤집어서
모양을 다듬고
창구멍을 공그르기 한다.

 해당화's tip

종이 도시락 두 개를 담을 수 있는
크기로 만들었어요.

파리 내 사랑
물병주머니

Water bottle pouch

자수 도안: p.195

홍차를 담은 물병에 불란서제 옷을 지어준다.
파리의 하늘을 가리키는 에펠탑도 수놓고 에펠탑에 걸린 파리의 별도 같이 수놓는다.
물병을 꼬옥 껴안은 모습은 겨울에 보았던 영화 속 연인들 같다.
나는 작은 제페토 할아버지가 된 것도 같다.

물병주머니 만들기 (지름8×13_끈 길이 제외)

재료
- 겉감 : 리넨- 몸판 A(27.2×13cm), 밑판 B(10×10cm)
  체크 원단-입구 C, D(14.5×6cm)
- 안감 : 체크 원단-몸판 E(27.2×13cm), 밑판 F(10×10cm)
- 부자재 : 마끈(37cm) 2개

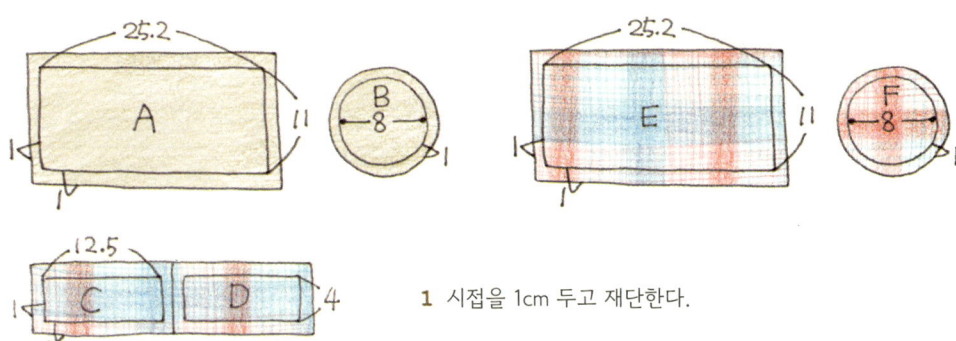

1 시접을 1cm 두고 재단한다.

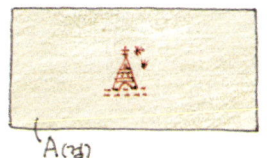

2 A의 겉면에 수를 놓는다.

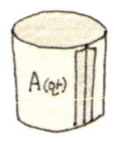

3 A와 E의 옆면을 각각 연결한다.
   이때 E는 창구멍을 남기고 박는다.

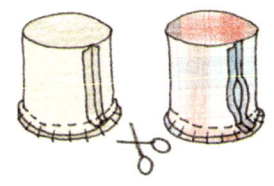

4 A와 B, E와 F를 각각 연결한 후
   가위집을 낸다.

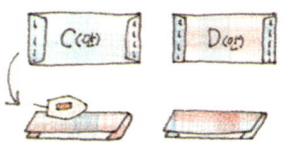

5 C와 D의 양옆 시접을 접어 박고
   다시 반으로 접어 다린다.

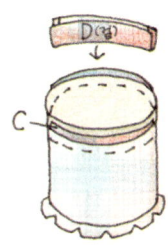

6 겉감과 안감을 겉면이 맞대게 끼워 넣는다.
   접어놓은 C와 D를 접은 면이 안으로 들어가게
   겉감과 안감 사이에 앞뒤로 하나씩 넣는다.
   윗면을 박아 겉감, 안감, 입구를 한꺼번에
   연결한다.

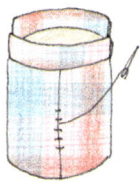 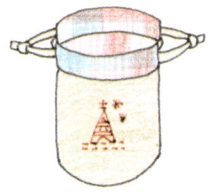

7 안감 창구멍으로 뒤집어서 모양을 다듬고 창구멍을 공그르기 한다.

8 겉감이 보이게 뒤집어서 입구 옆 구멍으로 마끈을 넣고 한 바퀴 돌린 후 끝을 매듭짓는다. 반대쪽도 같은 방법으로 마끈을 넣는다.

 해당화's tip

물병주머니에 긴 끈을 연결하면 여행할 때
크로스가방처럼 멜 수 있어 바로바로 시원한 물을 마실 수 있어요.
오랫동안 시원한 물을 마시고 싶다면
보온과 방수가 되는 돗자리 원단을 안감으로 사용해보세요.

보통날의
카메라파우치

Camera bag

실물본: 부록 페이지

우체국을 가는 길에는 여름이면 담쟁이덩굴로 덮이는 작은 집이 있다.
산책을 가거나 우체국을 갈 때에 나는 그 집을 먼발치서부터 바라본다.
그리고 작은 후회를 한다.
오후 햇살에 덮인 담쟁이덩굴 집을 담을 필름 카메라를 또 잊고 온 것이다.
그리고는 아무렇지도 않게 다시 가던 길을 간다.
다음에 찍으면 되잖아, 하는 마음으로.

가을이 오기 전 담쟁이덩굴 집은 헐렸고 나의 후회는 작은 크기가 아니었다.

내 디지털 카메라에 찍힌 것들은 주로 일상 속에서의 특별한 것들이다.
가보고 싶었던 카페, 새로 사귄 사람들, 처음 걸어보는 거리와 풍경.
반면 필름 카메라에 찍힌 것들은 주로 보통날의 것들이다.
언제나 발길이 닿는 카페, 정든 사람들, 익숙한 계절과 바람.
약속을 하고 나가는 길에는 디지털 카메라를 챙기지만
담쟁이덩굴 집을 놓친 후 보통날의 가방에는 필름 카메라를 넣는다.
나의 보통날 중에서도 가장 아름다운 순간을 붙잡아 오래도록 간직하고 싶어서다.

카메라파우치 만들기 (11.5×7.5×5_끈 길이 제외)

재료
겉감 : 스트라이프 리넨-뚜껑과 뒤판 A(13.5×20cm)
　　　리넨-옆판 B, D(7×9.5cm), 앞판 C(13.5×9.5cm), 밑판 E(13.5×7cm)
안감 : 체크 리넨-뚜껑과 뒤판 F(13.5×20cm), 옆판 G, I(7×9.5cm), 앞판 H(13.5×9.5cm), 밑판 J(13.5×7cm)
부자재 : 4온스 접착솜- 뚜껑과 뒤판 K(11.5×18cm), 옆판 L, N(5×7.5cm), 앞판 M(11.5×7.5cm), 밑판 O(11.5×5cm),
　　　면 테이프(4cm) 1개, 자석단추 1쌍, 가죽끈(28cm) 1개, 리벳 2쌍

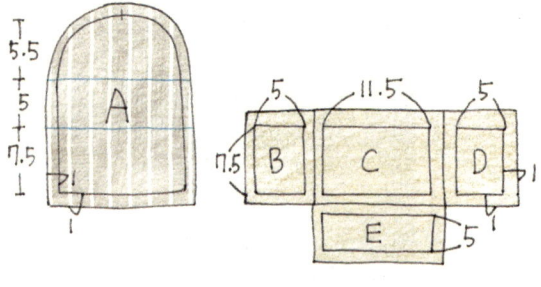 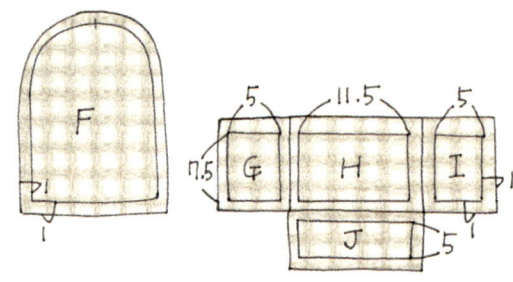

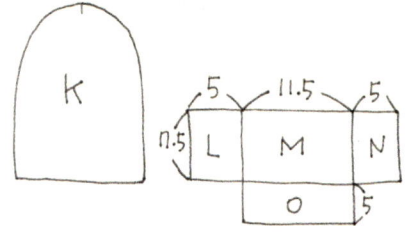

1 A, F-본을 대고 그린 후 중심선을 표시하고
　시접을 1cm 두어 재단한다.
　B, C, D, E, G, H, I, J-시접을 1cm 두고 재단한다.
　K-본을 대고 그린 후 중심선을 표시하고 시접 없이 재단한다.
　L, M, N, O-시접 없이 재단한다.

2 A, B, C, D, E 안면에 다림질로
　접착솜 K, L, M, N, O를 붙인다.

3 겉감 A, B, C, D, E를 연결하고
　안감 F, G, H, I, J도 연결한다.

Picnic

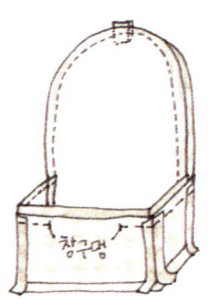

4 겉감과 안감을 겉면이 맞대게 끼워 넣는다.
뚜껑 끝에 안감과 겉감 사이로 면 테이프를 반 접어 넣는다.
창구멍을 넉넉히 남기고 박는다.

5 ①창구멍으로 뒤집어서 모양을 다듬고 창구멍을 공그르기 한다.
②파우치의 윗면과 뚜껑의 둥근 부분을 상침질한다.
③자석단추를 단다.

6 리벳을 이용해 가죽끈을 단다.

 해당화's tip

낡은 가죽가방의 끈을 활용하면
더 멋스러울 거예요.
가죽끈이 부담스럽다면
천으로 끈을 만들어도 좋아요.

마린 크로스가방

실물본: 부록 □페이지, 자수 도안 p.194

가만히 쓰다듬으면 바닷가의 모래들 같다.
레이스는 발목까지 달려온 파도의 거품이 되고
적당한 곳에 파란 닻을 내린다.

크로스가방 만들기 (15×12.5_끈 길이 제외)

재료
겉감 : 얼그미 원단- 앞면 A, 뒷면 B(17×14.5cm)
안감 : 광목-앞면 C, 뒷면 D(17×14.5cm)
부자재 : 레이스(17cm) 1개, 마끈(125cm 이상) 1개, 자석단추 1쌍

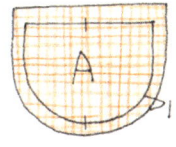 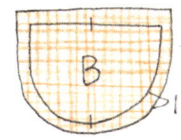 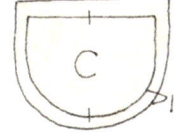 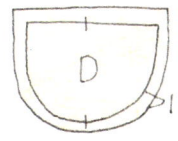 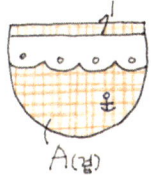

1 본을 대고 그린 후 중심선을 표시하고 시접을 1cm 두어 재단한다.

2 A의 겉면에 레이스를 달고 수를 놓는다.

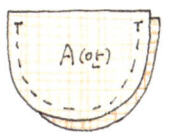 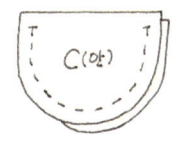 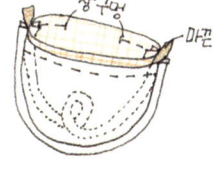 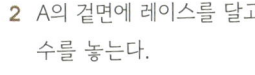

3 A와 B의 겉면을 맞대고 둥근 부분을 박는다. C와 D도 겉면을 맞대고 둥근 부분을 박는다.

4 겉감과 안감을 겉면이 맞대게 끼워 넣는다. 양옆에 겉감과 안감 사이로 그림처럼 마끈을 넣는다. 창구멍을 넉넉히 남기고 윗면을 박는다.

5 ①창구멍으로 뒤집어서 모양을 다듬고 창구멍을 공그르기 한다.
②자석단추를 단다.

Style
나를 빛내주는 패션 액세서리

다정한 레이스케이프
사탕통 속의 머리방울
사탕통 속의 머리핀
앨리스의 시계
K의 꽃가루마스크
바람 머플러
세 살 버릇 장바구니
꽃말을 담은 여름가방

Lace cape

다정한 레이스케이프

니트 카디건이나 스웨터를 입고 어깨에 케이프를 살포시 얹는다.
벚꽃비만큼 작은 무게로 어깨에 떨어진 케이프는
볼에 발그레한 볼터치를 넣고 나서와 같은 기분을 갖게 해준다.

레이스케이프 만들기 (47×7_끈 길이 제외)

재료
겉감 : 레이스-A(49×7cm)
부자재 : 레이스(36cm) 2개

 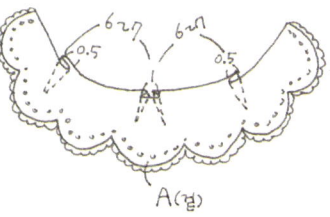

1 폭이 7cm인 레이스를 49cm 정도 되도록 양옆을 둥글게 자른다. 목에 둘러 원하는 길이로 맞추면 된다.

2 그림처럼 중심과 중간 중간을 접어 박아서 둥글게 만든다.

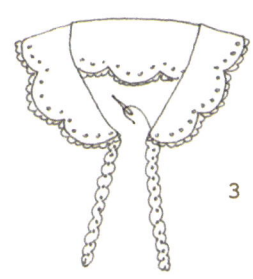

3 케이프의 끝에 레이스를 단다.

 ## 해당화's tip

사진의 케이프처럼 물결무늬 레이스로 만들어야
케이프의 둥근 부분을 쉽고 깔끔하게 자를 수 있어요.

Ponytail holder, Hairpin

사탕통 속의
머리방울, 머리핀

머리방울, 머리핀 실물본: 부록 페이지

Style

오랜 시간 동안 하나씩 모은 플라스틱 머리방울들은
사랑방 사탕통의 사탕들처럼
알록달록하고 달콤하고 달그락거리는 소리가 났었다.
단발로 머리를 자르고 나서는 모두 마론 인형들의 차지였고
그리고 어느 날부터 마론 인형과 함께 사라졌다.
그리고 시간이 지난 지금은
달콤한 천을 오리고 꿰매어 꽃사탕을 만든다.

머리방울 만들기 (6.5×6.5)

재료 겉감 : 체크 원단-꽃잎 A(6×4cm) 20장, 뒤판 B(4×4cm) 2장
　　　　　플라워 원단-꽃중심 C(2.5×2.5cm) 2장
　　　부자재 : 머리끈 1개

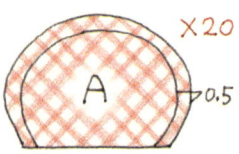 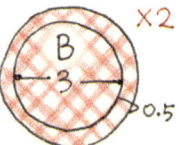 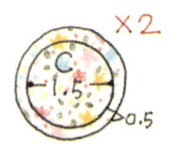

1　A-본을 대고 그린 후 시접을 아랫면을 제외하고 0.5cm 두고 20장 재단한다.
　 B, C-시접을 0.5cm 두고 2장씩 재단한다.

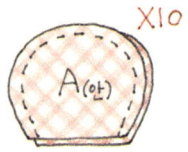 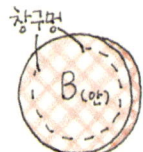 

2　A는 2장씩 겉면을 맞대어 아랫면을 남기고 박는다. 이 과정을 반복하여 꽃잎 10장을 만든다. B와 C도 2장의 겉면을 맞대어 창구멍을 남기고 박는다.

3　A는 뒤집어서 다림질로 모양을 다듬는다. B와 C는 창구멍으로 뒤집어서 모양을 다듬고 창구멍을 공그르기 한다.

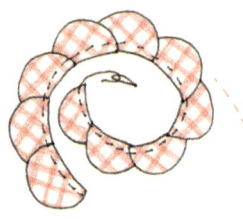   

4　그림처럼 꽃잎을 시침질로 연결하고 실을 잡아당겨 꽃잎을 모아 바느질로 고정한다.

5　4의 가운데에 꽃중심을 공그르기 한다.

6　꽃의 뒷면에 머리끈을 놓고 뒤판을 덮어서 공그르기로 마무리한다.

Style

✂ 머리핀 만들기 (13×3)

재료
앞판 : 플라워 원단-A(22×5cm)
뒤판 : 플라워 원단-B(22×5cm)
부자재 : 머리핀 1개

 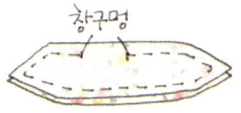 

1 A, B-본을 대고 그린 후
　시접을 1cm 두고 재단한다.

2 A와 B의 겉면을 맞대어
　창구멍을 남기고 박는다.

3 창구멍으로 뒤집어서 모양을 다듬고
　창구멍을 공그르기 한다.

4 매듭을 지어 리본 모양을 만들고
　글루건을 이용해 리본과 머리핀을 고정한다.

실물본: 부록 페이지, 자수 도안: p.194

째깍째깍 소리 나는 토끼의 시계 대신
나침반처럼 멈추어 있는 앨리스의 시계를 손목에 둘러본다.
언제나 일곱 시를 말해주는 친절한 시계에는
기억하고 싶은 세상의 모든 일곱 시들이 모두모두 각인되어 있다.

시계 만들기 (17.5×4.5)

재료
앞판 : 리넨-시계알 A(5.5×5.5cm), 프린트 원단-시계줄 B(19.5×5cm)
뒤판 : 리넨-시계알 C(5.5×5.5cm), 체크 원단-시계줄 D(19.5×5cm)
부자재 : 레이스(5cm) 1개, 참 1개, 단추(지름 1cm 내외) 3개, 스냅단추 3쌍

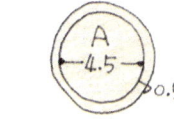
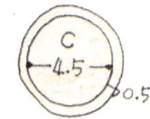
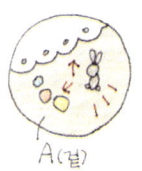
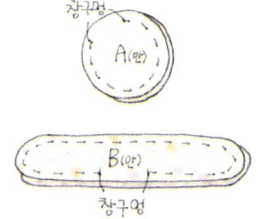

1 A, C-시접을 0.5cm 두고 재단한다.
B, D-본을 대고 그린 후 시접을 1cm 두고 재단한다.

2 A 겉면에 레이스를 달고 수를 놓고 단추와 참을 단다.

3 A와 C, B와 D를 각각 겉면을 맞대어 창구멍을 남기고 박는다.

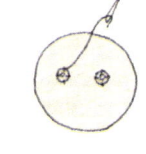
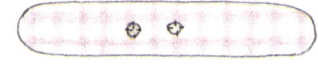

4 창구멍으로 뒤집어서 모양을 다듬고 창구멍을 공그르기 한다.

5 그림처럼 시계알과 시계줄에 스냅단추를 달아 시계줄에 시계알을 붙인다.

6 시계줄의 끝에 스냅단추를 단다.

Pollen mask

K의
꽃가루마스크

자수 도안: p.194

거즈 원단을 보면 커다란 창가가 떠오른다.
햇살이 내리면 미풍에도 살랑일 거즈 커튼은
내가 있는 곳으로 햇살을 곱게 갈아 떨어뜨려줄 것이다.
너무 뜨겁지도 어둡지도 않은 적당한 온도와 밝기.
종이접기 하듯 거즈를 접으니 꽃가루와 칼바람을 막아줄 입술 위의 커튼이 되었다.

꽃가루마스크 만들기 (18×10_끈 길이 제외)

재료
- 겉감 : 플라워 거즈 원단-A(54×20cm)
- 부자재 : 고무줄(27cm) 2개, 면 테이프(3cm) 1개

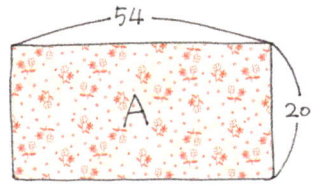

1. 시접 없이 재단한다.

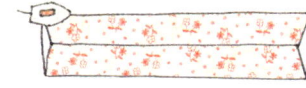

2. 세로의 중심선에 맞추어 접고 다린다.

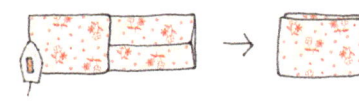

3. 가로를 3등분하여 접고 다린다.

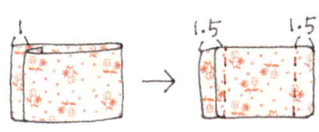

4. 가장 위로 올라온 원단을 안으로 1cm 접은 후 양옆에서 1.5cm 떨어진 곳을 박는다.

5. 면 테이프에 수를 놓는다. 접은 선이 보이지 않는 마스크의 앞면에 면 테이프의 양옆을 접어 넣고 단다. 양옆에 고무줄을 끼워 매듭을 짓고 매듭을 마스크 안으로 숨긴다.

6. 위와 아랫면을 공그르기 한다.

해당화's tip

사이즈가 꼭 정해져 있는 것은 아니에요.
원하는 마스크 크기의
가로×3, 세로×2로 재단하면 됩니다.
제가 작업한 마스크의 사이즈는
18×10cm이랍니다.

바람 머플러

Muffler

가을의 입구에서 아침저녁으로 선선한 바람이 지나간다.
코코아빛 리넨을 길게 늘어놓고 한 올 한 올 엮여 있는 실을 풀고 다시 머리 묶듯 묶어놓는다.
눈은 어질어질하고 얼굴은 다시 여름의 정오로 돌아간 것처럼 빨개진다.

Style

 머플러 만들기 (175×36)

재료
브라운 리넨-A(170 이상×38cm)
부자재 : 레이스(14cm) 1개

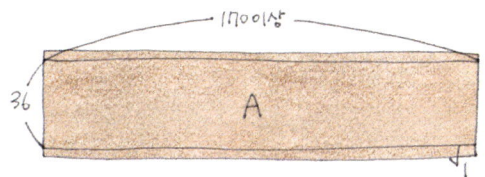 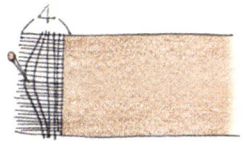

1 A-위아래만 시접을 1cm 두고
   원하는 머플러의 길이로 재단한다.

2 시침핀이나 송곳을 이용하여 그림처럼 양 옆면의
   4cm 되는 곳까지 한 올 한 올 실을 뺀다.

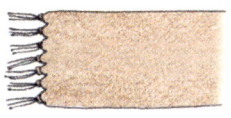 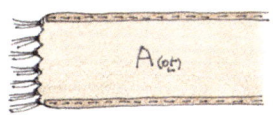 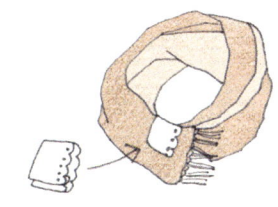

3 남은 실을 일정한 간격으로
   꼬아서 묶어준다.

4 윗면과 아랫면을 말아박기 한다.

5 양옆을 접은 레이스를 다시
   반 접어서 머플러의 윗면에 끼우고
   앞뒤를 함께 바느질한다.

해당화's tip

사각사각 소리가 나는 리넨 머플러는 가을에,
포근한 이중거즈로 만든 머플러는 겨울에 둘러보세요.
스탬프를 규칙적으로 찍어서 패턴을 만들어도 되고
핸드메이드 라벨을 달아도 멋스럽답니다.

실물본: 부록 페이지

세 살 버릇 장바구니

Shopping bag

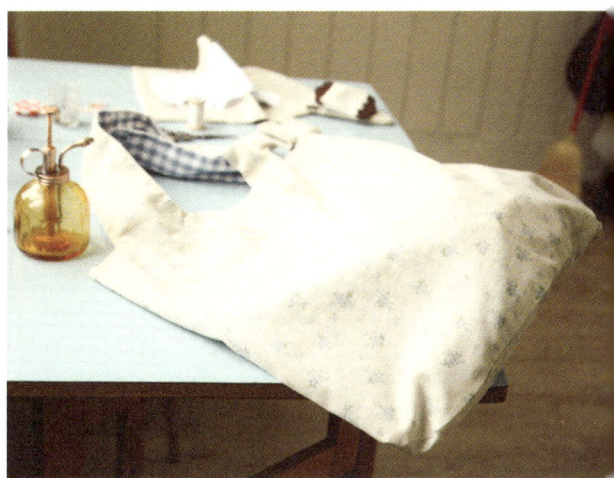

세 살 무렵 시장에 간 기억은 없지만
분명 우리 엄마는 비닐봉투에 채소와 과일을 담아 왔을 것이다.
엄마가 여든 살이 되려면 아직 멀었지만
엄마는 장을 보러 나서기 전에 장바구니를 꼭 챙기라고 한다.
엄마와 나는 수많은 세 살 버릇 중에서 아주 중요한 부분들을 고쳐가는 중이다.

 ## 장바구니 만들기 (50×66)

재료
- 겉감 : 플라워 리넨-앞판 A, 뒤판 B(52×70cm)
- 안감 : 체크 원단-앞판 C, 뒤판 D(52×70cm)
- 부자재 : 레이스(15cm) 1개

1 본을 대고 그린 후 시접을 1cm 두고 재단한다.

2 A의 겉면에 레이스를 단다.

3 그림처럼 A, B, C, D의 손잡이 부분을 각각 연결하고 시접을 갈라 다린다.

4 A와 B의 겉면을 맞대고 세 면을 박는다. C와 D도 겉면을 맞대고 세 면을 박는다.

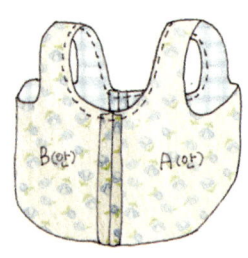

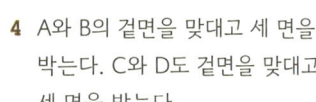

5 겉감과 안감을 겉면이 맞대게 끼워 넣고 그림처럼 손잡이의 옆면이 될 부분을 박는다.

6 뒤집어서 손잡이 부분의 시접을 안으로 접고 상침질한다.*

7 손잡이 옆면을 상침질한다.

해당화's tip

- 창구멍을 남기고 박으면 안돼요.
  손잡이 전체의 시접을 안으로 접어 바로 상침하는 방법이에요.
  창구멍으로 뒤집어지지 않는 패턴이거든요.

- 양면으로 사용이 가능해서 안감도 예쁜 체크 원단으로 골랐어요.
  주머니를 달아도 좋고 방수 원단이나
  올이 굵은 원단으로 만들어도 좋을 거예요.

Style

화사한 꽃무늬는
하얀 여름 블라우스와
잘 어울려요.

꽃다발에서 마음에 드는 꽃들만 쏙쏙 골라
꽃병에 꽂아두는 것처럼
여름밤 산책길에 피어난 이름 모를 꽃나무에서
분홍 꽃들을 한 아름 집어 여름가방에 담는다.
꽃들 사이사이에서 뻐꾸기 소리도 들리는 듯하다.
이름 모를 꽃의 꽃말을 가르쳐주려나 보다.

 ## 여름가방 만들기 (42×25.5×13)

재료
감 : 플라워 원단1-앞판 A, 뒤판 B(43×37.5cm)
안감 : 리넨-앞판 C, 뒤판 D(43×37.5cm) / 플라워 원단2-안주머니 E(17×16cm)
부자재 : 2온스 접착솜-앞판 F, 뒤판 G(41×32.5cm)
　　　　 접착심지-앞판 H, 뒤판 I(41×4cm), 안주머니 J(15×2cm)
　　　　 레이스(43cm) 2개, 가죽끈(56cm) 2개, 리벳 4쌍, 자석단추 1쌍

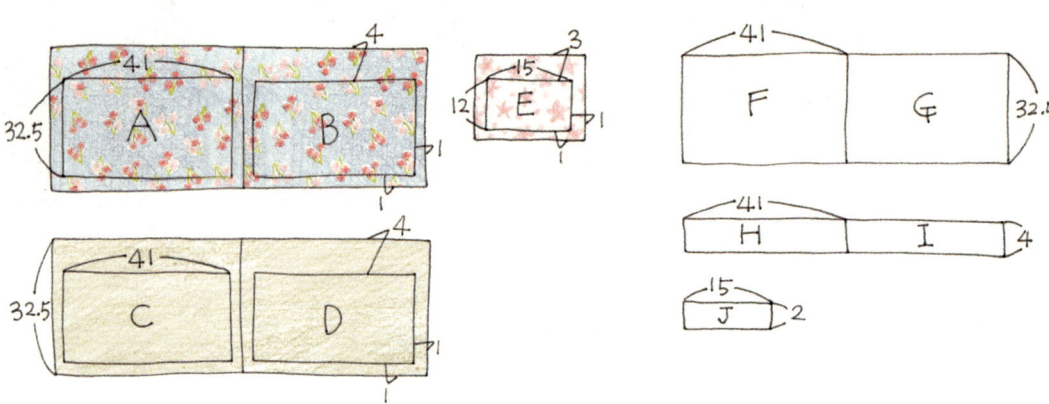

1 A, B, C, D-위는 4cm, 아래와 양옆은 시접을 1cm 두고 재단한다.
　　E-위는 3cm, 아래와 양옆은 시접을 1cm 두고 재단한다.
　　F, G, H, I, J-시접 없이 재단한다.

 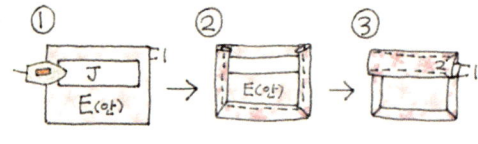

2 A와 B 안면에 그림처럼 접착심지 H, I와 접착솜 F, G를 다림질로 붙인다.

3 ①E의 안면에 위 시접선 위로 접착심지 J를 다림질로 붙인다.
　　②양옆, 아래 시접을 말아박기 한다.
　　③위 시접을 1cm 접고 다시 2cm를 접어 말아박기 한다.
　　윗면을 상침질한다.

4 A와 B 겉면의 위에서 4cm 떨어진 곳에 레이스를 단다. D 겉면의 위에서 11cm 떨어진 곳에 **3**에서 만든 주머니를 단다. 이때 주머니의 위쪽은 동그라미 안 그림처럼 삼각형으로 더 튼튼하게 박는다.

5 A와 B의 겉면을 맞대고 세 면을 박는다. C와 D도 겉면을 맞대고 세 면을 박는다.

6 겉감과 안감의 모서리를 접어 바닥면을 만들고 옆면이 13cm가 되게 박은 후 모서리 부분을 잘라낸다.

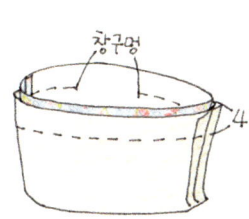  

7 겉감과 안감을 겉면이 맞대게 끼워 넣고 창구멍을 남기고 박는다.

8 ①창구멍으로 뒤집어서 모양을 다듬고 창구멍을 공그르기 한다. ②윗면을 상침질한다.

9 자석단추를 달고 리벳을 이용해 가죽끈을 단다.

타샤의 키친클로스 p.116

크리스마스 티코스터 p.092

패브릭 펜

Lucy in the sky with diamonds

패브릭 펜

패브릭 펜

merry go round

메리고라운드 티매트 1 p.096

메리고라운드 티매트 2 p.096

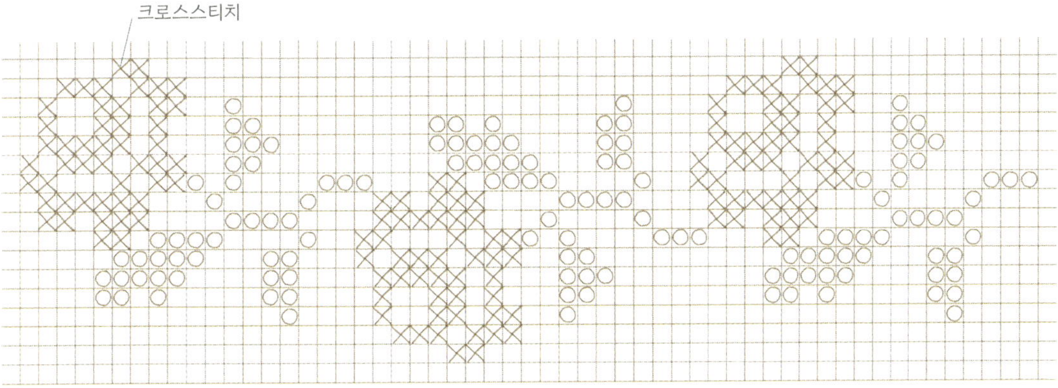

크로스스티치

보랏빛 방석 p.036

187

봄과 가을을 위한 주머니 p.024

봄과 가을을 위한 룸슈즈 p.024

여름정원 커피필터케이스 p.122

소녀 앞치마 p.130

밀크티 레인 북커버 p.050

백
무지개 뜨는 그 마을에서는
밀크티가 내리구요.
내 마음은 달게 받아 마십니다.

밀크티 레인 북커버2 p.050

밀크티 레인 책갈피 p.050

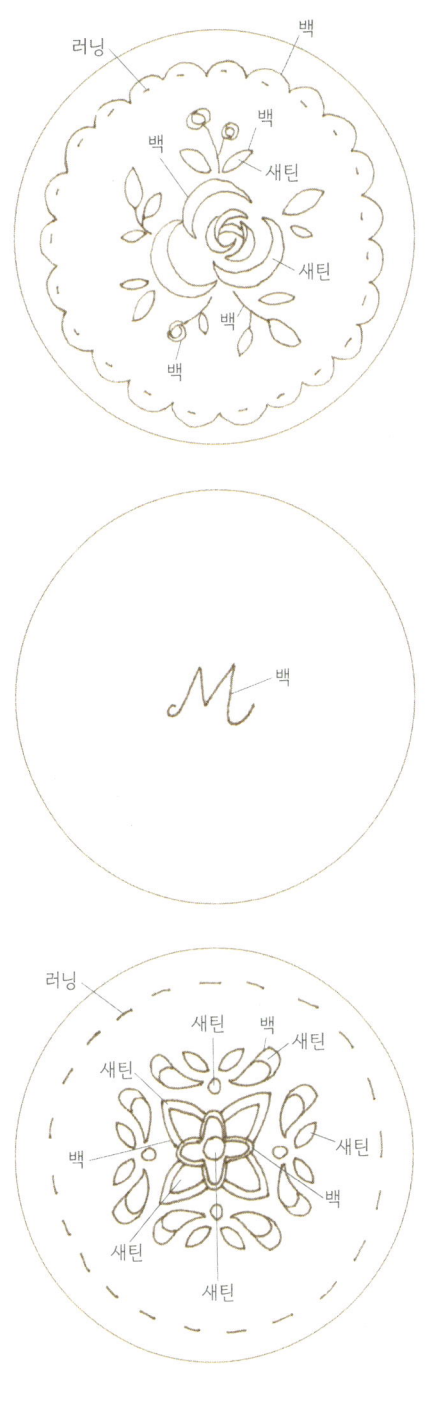

6월의 장미 줄자케이스 p.054

러닝

체크 슬리브 p.098

패브릭 펜

이상한 나라의 토끼 바네파우치1 p.080

패브릭 펜

Alice

백

Bonne Maman

이상한 나라의 토끼 바네파우치2 p.080

우리 집 커피틴, 커피믹스통 p.118

잘 자요 수면안대 p.028

4월의 양 다이어리커버 p.046

피크닉데이 미니가방 p.144

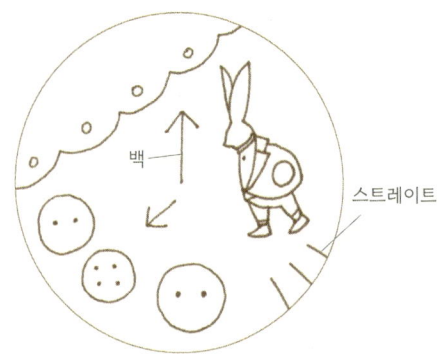
앨리스의 시계 p.170

K의 꽃가루마스크 p.172

마린 크로스가방 p.160

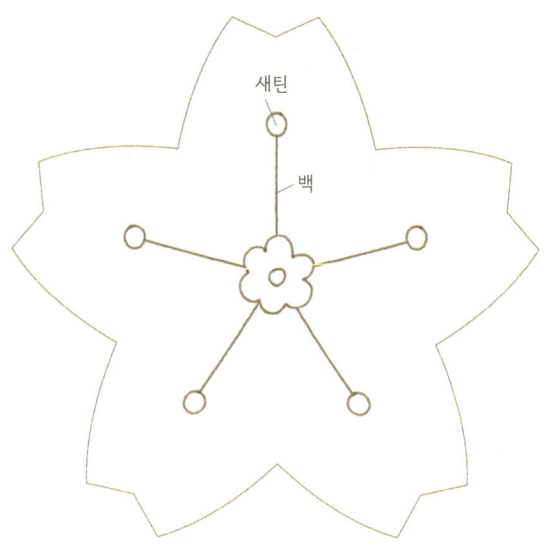
서양레이스 소잉메이트 벚꽃 핀쿠션 p.058

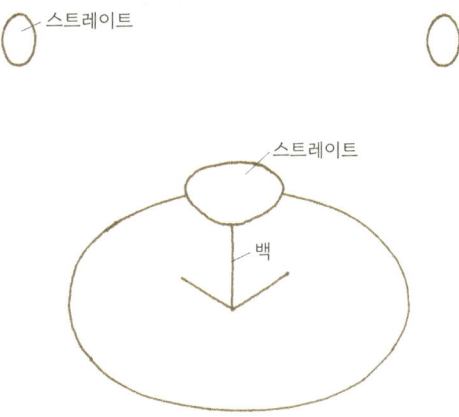
작은 곰 두 마리 주방장갑 p.112

파리 내 사랑 물병주머니 p.152

초콜릿봉지 바네파우치 p.068

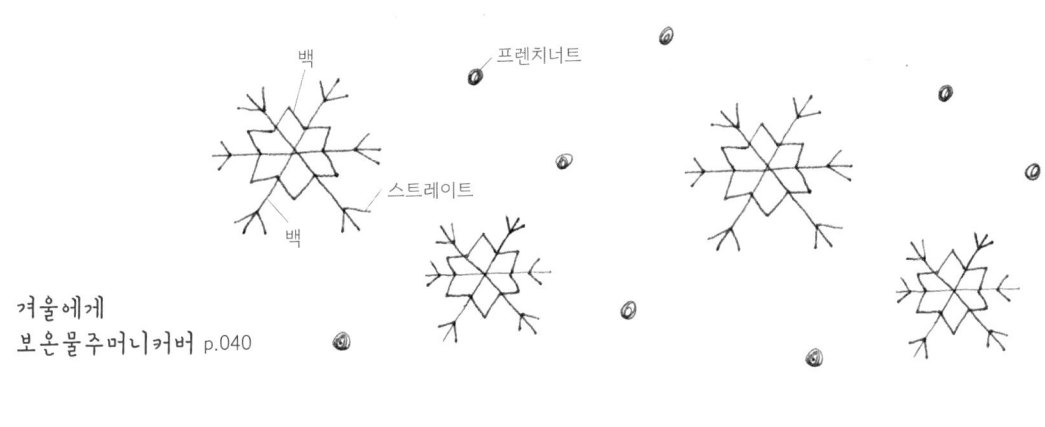

겨울에게
보온물주머니커버 p.040

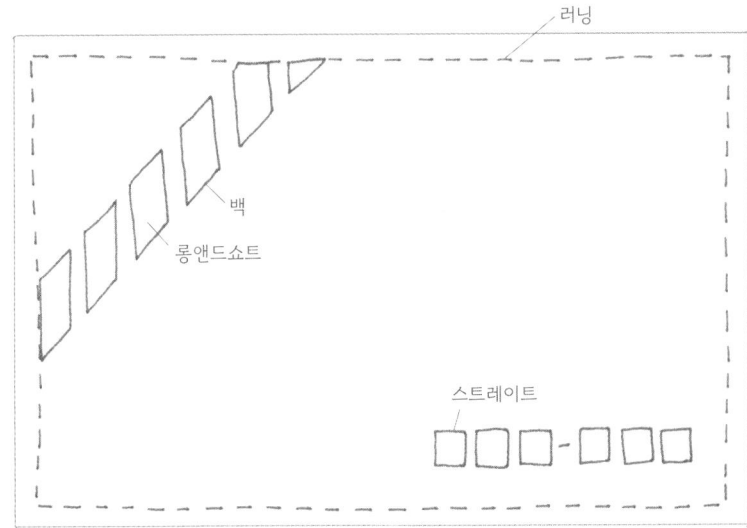

편지봉투 카드지갑 p.074

기분 좋은 내추럴 생활 소품 만들기
리넨이 있는 바느질 살롱

1판 1쇄 발행 2011년 5월 25일
1판 4쇄 발행 2013년 10월 25일

지은이	김미지
발행인	양원석
총편집인	이헌상
편집장	김옥현
디자인	서선아 010-9420-5758
교정·교열	박수영
해외저작권	황지현, 지소연
제작	문태일, 김수진
영업마케팅	김경만, 임충진, 곽희은, 주상우, 장현기, 임우열, 정미진, 송기현, 우지연, 윤선미, 최경민, 이선미
펴낸곳	㈜알에이치코리아
주소.	서울시 금천구 가산동 345-90 한라시그마밸리 20층
편집문의.	02-6443-8862
구입문의.	02-6443-8838
홈페이지.	http://rhk.co.kr
등록.	2004년 1월 15일 제2-3726호

ISBN 978-89-255-4309-3 13590

* 이 책은 ㈜알에이치코리아가 저작권자와의 계약에 따라 발행한 것이므로 본사의 서면 허락 없이는 어떠한 형태나 수단으로도 이 책의 내용을 이용하지 못합니다.

* 잘못된 책은 구입하신 서점에서 바꾸어 드립니다.

* 책값은 뒤표지에 있습니다.

RHK는 랜덤하우스코리아의 새 이름입니다.